Bateți și vi se va deschide

* *

Povestiri adevărate

Volum coordonat de Cristian Bichiș

Traducerea din limba rusă de
Natalia Lozan

București

editura
ORTODOXIA

Coperta față: Concept de Cristian Bichiș

Paginare și DTP: Cristian Bichiș

Traducerea din limba rusă de Natalia Lozan

Volum coordonat de Cristian Bichiș

Comenzi online: www.librariaortodoxia.ro

Descrierea CIP a Bibliotecii Naţionale a României

Bateţi şi vi se va deschide / trad. din lb. rusă de Natalia Lozan. -

Bucureşti : Ortodoxia, 2018

ISBN 978-606-8647-08-1

I. Lozan, Natalia (trad.)

2

Introducere

Volumul "Bateți și vi se va deschide" este cel de-al doilea din seria cărților "Povestiri adevărate", o colecție foarte apreciată de mărturii minunate despre ajutorul lui Dumnezeu, care este acum publicată și în limba română.

Ideea acestei cărți a apărut după întâlnirea editorilor cu Lidia Kaleda, soția părintelui Gleb Kaleda. Ea a prezentat o culegere de texte dactilografiate cu titlul "Povestiri adevărate" pe care le-a găsit în arhiva părintelui Gleb.

Ne-au impresionat simplitatea și sinceritatea acestora, adunate de un autor anonim. Cu recunoștință pomenindu-i (sau pomenindu-le) curajul și munca, deoarece atunci când au fost adunate, în anii 60-70 puteai să faci ani buni de pușcărie, am decis să aducem la lumină cele mai interesante din aceste mărturii, alegându-le pe acelea care nu ar trezi îndoială prin expunerea prea emotivă sau ar putea fi explicate printr-o simplă coincidență. Au fost de asemenea selectate și adăugate și alte povestiri recente ale unor întâmplari minunate.

Cei care au adus aceste mărturii sunt oameni echilibrați, care nu pot fi suspectați că ar avea tulburări sau halucinații. Totodată, am putea menționa că sunt persoane profund credincioase, pentru care ar fi de neconceput să inventeze astfel de istorisiri. Ne-au impresionat aceste povestiri și am considerat că sunt de mare folos pentru întărirea în credință.

Cunoaștem din Evanghelie mulțimea minunilor săvârșite de Mântuitorul Hristos, dar ne amintim și de faptul că Hristos Însuși, înainte de înălțarea Sa la cer, a spus apostolilor și prin ei nouă tuturor: „Iată Eu cu voi sunt în toate zilele, până la sfârşitul veacului" (Matei 28:20).

Le suntem recunoscători tuturor celor care au vrut să împărtășească întâmplările minunate din viața lor spre folosul aproapelui și spre slava lui Dumnezeu.

Editorii

Despre minunile lui Dumnezeu

De la naștere și până la moarte ne înconjoară nenumărate minuni dumnezeiești. Putem spune chiar că fiecare persoană trăiește în interiorul minunii lui Dumnezeu, al cărei nume este lumea creată.

Lumea care ne înconjoară este frumoasă, armonioasă și ne oferă totul pentru existența noastră. Dumnezeu nu doar a creat lumea materială, ci a și pus la baza ei legi, în baza cărora ea există. Omul le poate cunoaște, însă nu le poate anula sau crea altele noi.

Și mai minunată este lumea nevăzută, lumea duhovnicească. Primii oameni au avut posibilitatea să se bucure de ea, dar și de dulcea comunicare cu Dumnezeu Însuși. Căderea în păcat nu ne-a mai permis să vedem această lume și doar cei cărora Dumnezeu le dă această posibilitate pot să-și facă o închipuire despre "Cele ce ochiul n-a văzut şi urechea n-a auzit, şi la inima omului nu s-au suit, pe acestea le-a gătit Dumnezeu celor ce-L iubesc pe El". (1 Cor. 2.9)

Dar Dumnezeu n-a părăsit omul nici după căderea sa și dragostea cu care ne înconjoară reprezintă și ea o adevărată minune. Din ea a izvorât mântuirea noastră: Întruparea Mântuitorului, Jertfa de pe Golgota, Învierea Domnului nostru Iisus Hristos și Înălțarea Sa la Ceruri. Prin sângele Său, Hristos a întemeiat Biserica și Taina Euharistiei. Iată că deja de mai mult de două mii de ani se înfăptuiește pentru noi păcătoşii Minunea minunilor: preschimbarea pâinii și a vinului în Trupul și Sângele Domnului. Este o minune pentru fiecare dintre noi și Dumnezeu o oferă oricui e gata să se apropie cu pocăinţă, smerenie și dragoste. Sfânta Împărtășanie este cea mai mare minune lăsată de Hristos.

Și după Înălțarea Sa, Dumnezeu nu a încetat să săvârşească minuni. Despre acest lucru vorbesc mii și mii de mărturii păstrate în memoria Bisericii. Mai mult decât atât, Dumnezeu le-a dăruit putere de a înfăptui minuni ucenicilor Săi: "Cel ce crede în Mine va face şi el lucrările pe care le fac Eu şi mai mari decât acestea va face..." (Ioan 14.12).

Mare putere de mijlocire în fața tronului Ceresc o are Preasfânta Născătoare de Dumnezeu care se roagă într-una pentru noi. Ea nu mijlocește pentru noi numai prin rugăciuni și cereri, ci și în mod direct. Mijlocirea Ei înseamnă ajutor, iar ajutorul înseamnă și putere de creștere duhovnicească. Maica Domnului ne oferă ajutor și întărire spre mântuire.

Viața omului care a trăit o minune dumnezeiască nu mai poate fi la fel. El dorește să se schimbe, să se pocăiască de cele din trecut și să-I aducă mulțumire lui Dumnezeu, care nu ne părăsește, chiar dacă noi adesea o luăm pe căi greșite.

Minunile lui Dumnezeu aduc mereu în viața noastră lumină și bucurie, însă se întâmplă ca Dumnezeu să intervină și pentru înțelepțirea noastră, atunci când acceptăm foarte ușor păcatul.

Oricare ar fi cauza acestor minuni, important e ca Dumnezeu să poată ajunge la inimile noastre, ca noi să înțelegem că una din cele mai mari minuni este Biserica noastră care ne poartă într-una de grijă. Intrând în Biserică, noi devenim fii ai lui Dumnezeu, începem să trăim întru Hristos. Descoperim bucuria de a comunica cu Dumnezeu, Tatăl nostru, prin rugăciune. Vedem, și aceasta este o minune, că Dumnezeu ne ascultă cererile și rugăciunile.

Cu toate prigoanele, Biserica mereu a rezistat. Și aceasta este o minune pe care ne-o oferă Dumnezeu. Și deși din cauza păcatelor și greșelilor noastră, Biserica suferă și se tânguiește, ea rămâne vie și lucrătoare, contribuind în continuare la misiunea sa, de a ne pregăti pentru veșnicie.

Protoiereul Boris Balașov

Bateți și vi se va deschide

*** ***

Povestiri adevărate

"Acum poți dormi"

Am o soră mai mică. Ea s-a născut cu o boală cardiacă congenitală și toată copilăria a fost foarte bolnăvicioasă. Cu toate acestea, s-a căsătorit și a adus pe lume un băiat.

Cu trecerea anilor, a început să o doară tot mai des inima. Supapa inimii îi era blocată, ceea ce provoca și multe alte probleme. Din ce în ce mai des, suferea de dureri puternice de cap. La fiecare oră trebuia să ia pastile. Ea a fost sfătuită să facă o examinare complexă.

Tomografia computerizată a arătat că are o tumoare pe creier: pe cerebel și pe trei vertebre cervicale. Specialiștii din Moscova, cărora li s-a adresat, i-au spus că ei nu sunt specializați pe nici o intervenție care ar putea-o ajuta.

S-a întâmplat luni, iar joi medicii au decis că ea poate fi externată, deoarece nu sunt în stare s-o trateze. I s-a spus că mai are de trăit aproximativ trei luni.

Tocmai în acele zile, am cunoscut o măicuță. Ea m-a sfătuit să iau pământ de la mormântul Fericitei Matrona și mi-a spus:

- Să vă rugați Bunului Dumnezeu, Maicii Domnului și Fericitei Matrona și se va vindeca.

Am încercat să-i urmăm sfatul. Nu eram persoane foarte credincioase, iar sora noastră nici nu prea mergea la biserică, totuși a acceptat să bea apă sfințită și să se roage.

Împreună cu celelalte surori am început să ne rugăm pentru ea. Ne rugam Domnului Nostru Iisus Hristos, Maicii Domnului și Sfântului Nicolae. Citeam acatiste, rugăciuni.

În ziua în care trebuia să fie externată, medicul i-a spus că a luat totuși decizia s-o opereze. Intervenția trebuia să aibă loc peste o săptămână. Am continuat să ne rugăm.

Din diferite motive, intervenția a fost amânată de mai multe ori și a fost înfăptuită abia peste o lună. Ea a durat mai mult de șase ore, sub anestezie locală, deoarece medicilor le era frică că inima nu va rezista.

Când a părăsit sala de operație, sora mea zâmbea. Medicul ne-a spus că a fost o intervenție uncială.

Împreună cu o altă soră am rămas să avem grijă de ea.

Au trecut patru săptămâni după operație, iar sora mea era în continuare nevoită să ia foarte multe medicamente. La fiecare două ore i se făceau injecții. Ea suporta totul și ne spunea:

- Voi răbda totul, numai să pot trăi.

Încercam tot timpul liber să-l consacrăm rugăciunii.

În una din nopți, când am rămas doar eu alături de ea, mi-a spus:

- Mă doare foarte tare ficatul, durerea e într-atât de puternică, că simt că nu mai rezist, pur și simplu nu mai pot răbda.

Am mers la asistenta medicală, iar ea mi-a spus că nu poate să-i mai facă o injecție, a trecut doar o jumătate de oră de la ultima.

M-am întors în salon și am îndemnat-o pe sora mea să spună așa cum poate rugăciunea "Născătoare de Dumnezeu...".

- Roagă-te, așa cum poți. Roag-o pe Măicuța Domnului să-ți ia durerea. Mă voi ruga și eu alături de tine.

Ea a început să se roage încetișor și la un moment dat am auzit cum a spus:

- Măicuță, încă mă mai doare.

Apoi a deschis ochii și mi-a spus:

- Cred că vreau să dorm, iar dimineața îți voi povesti ceva foarte important.

Când a venit mai târziu asistenta, ea a rămas nedumerită că sora mea doarme liniștită și nu mai are nevoie de calmante.

La ora șase dimineața, sora mea s-a trezit din somn și zâmbind mi-a povestit următoarele:

"O să mă crezi dacă îți voi spune că ieri noaptea Maica Domnului a venit la mine? Atunci când după sfatul tău am început să mă rog, am simțit cum s-a apropiat cineva de mine.

Era o femeie de o frumusețe nepământească. Ea și-a pus mâna pe locul unde mă durea și încet a apăsat. Odată cu mișcarea ei durerea a început să treacă, dar nu a dispărut complet.

Atunci i-am spus:

- Măicuță, încă mă mai doare.

Ea a apăsat din nou și durerea a dispărut. M-a privit cu blândețe și mi-a spus:

- Acum poți să dormi.

Așa am și adormit și după atâtea luni de suferință, am avut o noapte liniștită."

"În locul tău stătea, Sfântul Nicolae"

Această întâmplare a avut loc în anii grei de după revoluția bolșevică.

V. P., pe atunci o fată tânără, a ieșit în grădina de lângă casă. Acolo a întâmpinat-o un țăran înarmat. Erau timpuri în care țăranii îi ucideau pe moșieri fără a avea un motiv sau pretext anume. El și-a îndreptat arma în direcția fetei. Tânăra a ridicat ochii către cer și a început să se roage:

- Părinte, Sfinte Ierarh Nicolae, ajută-mă, apără-mă!

În următoarea clipă, țăranul a aruncat arma și i-a spus:

- Pleacă imediat de aici și fă tot posibilul să nu te mai văd.

Fata a intrat în casă, și-a luat câteva lucruri și s-a grăbit să plece. S-a îndreptat cu primul tren către Moscova unde avea niște rude.

Au trecut câțiva ani. Într-o zi, cineva a bătut la ușă. În prag stătea un țăran în haine ponosite. Cu un glas tremurând, întreabă:

- Aici locuiește V. P.?

Vecinii i-au confirmat și l-au condus la ea.

În camera fetei, țăranul a căzut la pământ și cu lacrimi a început să-și ceară iertare. Fata nu înțelegea se se petrece, nerecunoscându-l. A încercat să-l ridice, spunându-i că nu-l cunoaște.

- Nu mă recunoști? Sunt cel care a vrut să te omoare. Voiam să o fac, însă când am îndreptat arma către tine am văzut că în locul tău stă Sfântul Nicolae. Pe el nu puteam să-l împușc.

Și din nou a căzut la picioarele ei.

- Am fost bolnav în toată această perioadă și am decis să te găsesc, să-mi cer iertare. Am venit pe jos din sat.

Tânăra i-a adus haine curate, l-a așezat la masă și i-a spus că l-a iertat și nu mai are resentimente față de el.

Bărbatul i-a răspuns că acum poate muri liniștit. Și într-adevăr, parcă îl lăsaseră ultimele puteri. Fata a chemat un preot care l-a mărturisit și l-a împărtășit, iar la scurt timp și-a dat sufletul în mâinile Domnului.

"Încotro te îndrepți?"

Una din cunoștințele mele, Elena, mi-a povestit următoarea întâmplare din tinerețea ei.

Într-un an, a participat la o expediție geologică care se desfășura în preajma Insulelor Solovetsky. Întâmplarea a avut loc toamna târziu, când marea a început să se acopere cu gheață.

În speranța că se va mai putea întoarce la baza ei, Elena s-a îndreptat către una din insule pentru a-și finaliza lucrarea, gândindu-se să se întoarcă spre seară.

Întorcându-se seara, a văzut că marea era într-atât de mult acoperită cu gheață încât era imposibil s-o treacă cu barca.

Totuși a riscat. Noaptea, vântul și gheața i-au purtat barca spre un țărm necunoscut. Elena era de mică credincioasă și mereu se ruga Sfântului Nicolae pentru ajutor.

Ea a decis să meargă de-a lungul țărmului,

sperând să întâlnească cel puțin un adăpost.

În calea ei a întâlnit-o un bătrânel, care a întrebat-o:

- Încotro te îndrepți?

- Merg de-a lungul țărmului ca să găsesc vreun adăpost sau pe cineva care m-ar putea ajuta.

- Nu ai ales cea mai bună cale, de-a lungul țărmului nu vei găsi pe nimeni pe o distanță de zeci de kilometri. Ascultă-mă, urcă pe dealul care îl vezi în față și vei înțelege încotro trebuie să mergi mai departe.

Elena a privit în direcția indicată, iar când s-a întors către bătrân, el deja dispăruse. Elena a înțeles că însuși Sfântul Nicolae a ajutat-o și i-a arătat încotro trebuie să meargă.

A urcat pe dealul indicat și a observat nu prea departe fum. S-a îndreptat spre el. Acolo a găsit coliba unui pescar.

Pescarul a fost surprins de apariția ei în acest loc complet pustiu și i-a confirmat că într-adevăr, dacă ar fi mers zeci de kilometri de-a lungul țărmului, nu ar fi găsit nici o locuință și probabil ar fi murit de frig și de foame.

Astfel a salvat Sfântul Nicolae această fată imprudentă, dar evlavioasă.

"Grabnic ajutător în necazuri"

Am cunoscut familia credincioasă a unui muncitor. Familia avea șapte copii. Locuiau lângă Moscova.

Întâmplarea s-a întâmplat la începutul celui de-al doilea război mondial, când pâinea era primită pe cartele și într-o cantitate foarte mică. În același timp, cartelele lunare nu erau reînnoite în cazul pierderii.

După pâine mergea cel mai mare dintre copii, Nicolae, care avea treisprezece ani. Iarna, de ziua Sfântului Nicolae, el s-a trezit mai devreme și a plecat după pâine, știind deja că și dacă aveai cartele, pâinea nu ajungea pentru toți.

A ajuns la magazin primul și a rămas să aștepte în fața ușii. În depărtare a observat patru tineri. Când băieții l-au văzut pe Nicolae, s-au îndreptat către el. Băiatul a înțeles că vor încerca să-i ia cartelele pentru pâine cu forța, ceea ce însemna că membrii familiei sale vor îndura o foame cumplită.

Îngrozit, a strigat în sinea sa:

"Sfinte Nicolae, salvează-mă".

Dintr-o dată, lângă el a apărut un bătrânel, care i-a spus:

- Vino cu mine.

L-a luat pe Nicolae de mână și sub privirile nedumerite ale tinerilor s-a îndreptat cu el către o casă din apropiere. După ce au intrat înăuntru, bătrânul a dispărut.

Sfântul Nicolae a fost și rămâne același grabnic ajutător pentru toți cei care-i cer sprijinul și îndrumarea.

"De ce dormi?"

Această întâmplare a fost relatată unui preot de către un participant la al doilea război mondial, pe nume Nicolae.

Eram prizonier la germani și am reușit să evadez. Încercam să merg noaptea, iar ziua mă ascundeam pe undeva. Odată, după ce am mers o noapte întreagă, am adormit sleit de puteri într-un lan de secară.

Dintr-o dată, cineva m-a trezit. Am văzut înaintea mea un bătrân în veșmânt preoțesc. Bătrânul mi-a spus:

- De ce dormi? În curând nemții vor trece pe aici.

Speriat l-am întrebat:

- Și ce pot face acum?

Părintele mi-a spus:

- Uite, puțin mai vale este un tufiș des. Ascunde-te acolo până vor trece.

M-am întors să fug, dar apoi mi-am dat seama că trebuia mai întâi să-i mulțumesc. Am privit către locul în care era cu câteva clipe în urmă, dar nu mai era nimeni prin preajmă. Atunci am înțeles că însuși Sfântul Nicolae m-a salvat.

Când am ajuns lângă tufiș, am observat că nemții însoțiți de un câine au intrat în lanul de secară. Ei s-au oprit tocmai pe locul unde ațipisem ei, câinele a adulmecat puțin locul și a pornit pe urmele mele.

Din fericire, după tufișuri începea un râuleț. Datorită lui am putut să înaintez, iar câinele să-mi piardă urmele.

Așa am reușit, cu ajutorul Sfântului Nicolae, să mă salvez.

Salvarea de foamete

Bunica mea mi-a povestit cum Sfântul Nicolae a salvat familia noastră în anul 1943.

Ea rămase singură cu trei copii. Copilașii erau slăbiți de foame, iar ea nu putea face nimic ca să-i salveze. Chiar și având cartele pentru alimente, nu reușea să obțină de multe ori ceva de mâncare.

Într-o zi, a găsit la bucătărie o iconiță veche a Sfântului Nicolae și i s-a adresat rugat acestuia cu disperare.

A ieșit înlăcrimată în scara casei, dar nu a ajuns până la ușa de la intrare și a văzut jos câteva bancnote așezate în forma crucii. Acești bani au salvat viața a trei copii, unul dintre aceștia fiind mama mea.

"Sfinte Nicolae, ajută-mă!"

Maria Petrovna a început să creadă în Dumnezeu și în ajutorul sfinților după următoarea întâmplare.

Ea a decis să meargă în vizită la una din verișoarele sale. Până atunci nu mai fusese la ea, dar deoarece fiica sa și ginerele său au plecat în Crimeea, iar ambii nepoți au plecat într-o excursie, ea a rămas singură în apartament și a decis că e momentul potrivit să-și viziteze rudele. A cumpărat niște cadouri și a trimis o telegramă cu înștiințarea să fie așteptată la stația Lujki.

A ajuns cu bine la Lujki, dar spre surprinderea ei, nu a venit nimeni să o întâlnească.

Ce putea face?

Una din angajatele gării a sfătuit-o să-și lase temporar lucrurile în camera de bagaje și să pornească încet la drum.

Ar fi fost de parcurs vreo opt sau zece kilometri până să ajungă la o alee de mesteacăni, după care începea o pădurice, apoi, mergând pe la marginea pădurii, peste încă câțiva kilometri ajungea la destinație.

- Sunt și lupi pe aici? a întrebat cu frică Maria Petrovna.

- Sunt, dar ziua nu se apropie de oameni, așa că străduiește-te să te grăbești ca să ajungi până se va întuneca. Noaptea, călătoria va deveni mai periculoasă.

Neavând încotro Maria Petrovna a pornit la drum. Ea însăși a crescut la sat și era deprinsă să meargă mult pe jos, dar ultimii douăzeci de ani a trăit în oraș, unde nu prea avea de parcurs distanțe mari.

A mers mai multe ore și după calculele ei parcursese deja nu zece, ci cincisprezece kilometri și totuși nu descoperise aleea de mesteacăni. Poate că rămăsese în urmă sau poate mai era mult până la ea.

Afară a început să se întunece.

Maria Petrovna nu știa ce să facă. Dacă se întorcea, atunci va ajunge doar spre dimineață la gară, dacă merge înainte, poate va întâlni o haită de lupi...

- Sfinte Nicolae, privește ce mi s-a întâmplat.

Ajută-mă. Dacă mă întâlnesc și cu un singur lup, îi voi fi pradă ușoară, a început să se roage Maria Petrovna, neputând să-și stăpânească lacrimile.

În jur nu era nimic, decât o liniște înfricoșătoare.

Brusc, a auzit sunetul unor roți. S-a îndreptat în grabă către locul de unde venea sunetul și a văzut o mică trăsură la care era înhămat un cal. În trăsură era un bătrânel micuț și încovoiat. Tot chipul său strălucea de parcă era înconjurat de lumină.

- Sfinte Nicolae, tu ești! a strigat Maria Petrovna și s-a grăbit să-l ajungă.

Însă, deși femeia alerga destul de repede, nu reuşea nicicum să micșoreze distanța. Astfel, peste vreo câteva minute, ea a ieșit din pădure și a descoperit câteva case. Era satul unde trebuia să ajungă.

Pe un scaun, lângă cea mai apropiată casă ședeau câțiva bătrânei. Ea s-a apropiat de ei.

- Spuneți-mi vă rog, a trecut acum pe lângă voi o trăsură cu un bătrânel în ea.

- Nu, dragă. Stăm aici de mai mult de oră, dar în afară de tine nu am văzut pe nimeni.

Maria Petrovna a simțit că o lasă ultimele puteri, s-a așezat pe iarbă și a început să plângă. I-a mulțumit printre lacrimi Sfântului Nicolae și, ridicându-se, s-a îndreptat către sat să-şi caute sora.

"Trebuie să mă ajuți!"

Atunci când în orașul Zelenograd au început lucrările de restaurare a Bisericii închinate Sfântului Nicolae, de părintele paroh s-a apropiat o bătrână de aproape șaptezeci și i-a spus că vrea și ea să ajute la lucrări. Atât el, cât și cei care-l ajutau au rămas surprinși:

- Unde să mai ajuți, bunicuțo. Tu însăți ai nevoie de sprijin!

Ea le-a răspuns:

- Nu. Dați-mi și mie ceva de lucru.

Ei au zâmbit și au revenit la ale lor, însă când au văzut că femeia se implică singură în lucrările desfășurate au întrebat-o de ce insistă atât de mult să fie de folos.

Ea le-a povestit că, în urmă cu câteva zile, în camera ei a intrat un bătrânel și i-a spus:

- Ascultă-mă, tu de foarte multe ori m-ai rugat

să te ajut, nu te-am refuzat. Acum eu însumi am nevoie de ajutor.

Ea s-a mirat. Apoi și-a dat seama că de fapt ușa de la intrare era închisă și nimeni nu putea să intre.

Când și-a revenit puțin, și-a dat seama că știe chipul celui care o vizitate. Era Sfântul Nicolae. Ea știa despre restaurarea Bisericii Sfântului Nicolae așa că a decis că trebuie să vină și să ajute.

"A ieșit din icoană, de parcă a coborât pe o scară..."

Prietena noastră Ala avea o străbunică foarte credincioasă. Ea avea multe cărți și icoane, însă fiica ei, care a crescut în anii de după revoluția bolșevică, nu accepta nici să audă despre Dumnezeu.

Atunci când aceasta avea în jur de cincizeci de ani, a fost internată de urgență la spital cu diagnosticul ulcer gastric perforat. Starea ei era foarte gravă. Medicii spuneau că poate să nu supraviețuiască.

După intervenția medicală și perioada de recuperare, medicul i-a prescris un tratament pe care trebuia să-l urmeze și au pregătit-o de externare. Totodată, au prevenit-o că trebuie să mănânce câte puțin chiar dacă nu are poftă. Ajungând însă acasă, ea a neglijat ceea ce îi spusese medicul, neatingându-se de mâncare.

Pe zi ce trecea, slăbea tot mai mult, nemaiavând putere pentru nimic.

Patul ei se afla lângă colțul cu icoane. Printre ele, cea mai mare era cea a Sfântului Nicolae.

Într-o zi, stând întinsă în pat, a văzut cum din icoană a coborât Sfântul Nicolae. El s-a apropiat de ea și i-a spus:

- Draga mea, trebuie să mănânci, altfel vei muri în curând.

A mângâiat-o pe cap și a revenit la locul său... în icoană.

În aceeași zi, ea a cerut să i se aducă de mâncare, treptat recăpătându-şi forțele și dorința de a trăi. Femeia a mai trăit după această întâmplare încă treizeci de ani, devenind între timp profund credincioasă.

"Tu nu ești îngerul lui Dumnezeu?"

Ecaterina, enoriașa bisericii noastre ne-a relatat următoarea întâmplare din anul 1991.

Ea este din orașul Solnechnogorsk.

Într-o iarnă se plimba pe malul lacului Senej și se hotărâse să se odihnească. S-a așezat pe o bancă pentru a admira lacul. Pe aceeași banca s-a așezat o bătrânică care, probabil simțind că a găsit pe cineva care e gata s-o asculte, i-a povestit despre problemele ei. Bătrânica i-a spus că fiul ei n-o iubește, iar nora își bate mereu joc de ea.

Ecaterina, fiind o femeie evlavioasă și credincioasă, i-a spus că toate se pot rezolva cu ajutorul lui Dumnezeu. Trebuie doar să-i cerem sprijinul și ajutorul și atunci viața noastră nu ne va mai părea la fel de grea.

Bătrâna i-a spus că nu prea este obișnuită cu Biserica și nici rugăciuni nu știe.

În acea dimineață, Ecaterina a decis să ia cu ea și o carte de rugăciuni, iar acum, aducându-și aminte, a scos cartea și i-a oferit-o bătrânei. Bunicuța a privit-o mirată și i s-a adresat:

- Drăguţo, îți mulțumesc, dar spune-mi te rog tu nu vei dispărea acum?

- Nu v-am înțeles, i-a răspuns Ecaterina.

- Tu nu ești îngerul lui Dumnezeu? a întrebat-o speriată bătrâna și i-a povestit ce i s-a întâmplat cu o săptămână în urmă.

Acasă se creease o atmosferă insuportabilă. Bătrâna nu mai găsea nici o putere să rabde în continuare și a decis că nu mai vrea să trăiască. A venit lângă lac și a decis să stea puțin pe scaun înainte de a se arunca în apă.

După puțin timp, lângă ea s-a așezat un bătrânel care arăta destul de neobișnuit, cu părul cărunt și cu privire foarte blândă. El a întrebat-o:

- Ești sigură că știi ce vrei să faci? Știi cât e de înfricoșător acolo unde te-ai pornit? Tu nu-ți da seama, fiindcă nu cunoști, dar să știi că acolo e de o mie de ori mai groaznic decât viața pe care o duci acum.

A tăcut puțin apoi a întrebat-o din nou:

- Dacă îți e atât de greu, de ce nu mergi la Biserică? De ce nu-I ceri ajutorul lui Dumnezeu?

Ea i-a răspuns că niciodată nu a mers la biserică și nimeni nu a învățat-o rugăciuni.

Bătrânelul a întrebat-o:

- Spune-mi, tu ai păcate?

Ea i-a răspuns:

- Ce păcate pot avea? Nu prea am făcut lucruri rele.

Atunci bătrânelul a început să-i povestească greșelile și păcatele pe care le săvârșise, iar pe multe dintre acestea care le cunoaşte doar ea.

Bătrâna a rămas surprinsă, dar și îngrozită de tot ce a auzit.

În sfârșit, a întrebat:

- Bine, dar cum să mă rog dacă nu cunosc nici o rugăciune?

Bătrânelul i-a răspuns:

- Să vii peste o săptămână aici și vei găsi rugăciuni. Să mergi la biserică și să te rogi.

Bătrânica l-a întrebat:

- Cum vă numiți?

El i-a răspuns:

- Numele meu e Nicolae.

Ea a întors capul pentru câteva clipe, iar când a vrut să mai întrebe ceva, a văzut că alături de ea nu mai este nimeni.

"Preasfântă Născătoare de Dumnezeu, salvează-mă!"

Această întâmplare ne-a povestit-o o tânără care lucrează la o librărie. Din când în când ea mergea la biserică și uneori încerca să se roage. Întro seară s-a pregătit de somn și s-a culcat în patul său. Era singură în cameră. La scurt timp, a auzit niște pași foarte ciudați, de parcă cineva își târa picioarele. I s-a făcut frică. Deodată a auzit cum a scârțâit ușa. Tot corpul îi înțepenise, fata nu mai era în stare nici măcar să întoarcă capul pentru a vedea cine e în cameră. Apoi ceva greu, lipicios și negru a apăsat-o cu putere și a început s-o stranguleze. Tânăra a început să se sufoce.

Brusc, în gând i-au venit cuvintele: "Preasfântă Născătoare de Dumnezeu, salvează-mă!" Ea a înțeles că această rugăciune este unica ei salvare și a început s-o repete.

Apoi, a auzit în spate un mârâit supărat, plin de ură și răutate, iar acel ceva s-a ridicat și s-a îndreptat spre ușă. A plecat din cameră, apoi s-a auzit și ușa de la intrare.

Mina

- Părinte! m-am adresat eu. Cu toții am vrea să știm cum v-a chemat Dumnezeu la calea monahală. De mult timp voiam să vă întrebăm, dar nu am îndrăznit s-o facem.

Cu toții cunoșteam că Părintele Nicolai a fost în trecut marinar, comandant al uneia dintre navele de război ale Marinei Ruse. În fața sa se deschidea un viitor strălucit, îl cunoscuse personal pe împărat. Unchiul său era președinte al Consiliului de Stat. Trebuia să existe un motiv necunoscut, dar foarte important care l-a făcut pe Părintele Nicolae să-și schimbe viața și să devină călugăr. Eram foarte curioși să aflăm cum s-au întâmplat toate.

Părintele a tăcut un timp, apoi a început să povestească:

Deși am fost crescut într-o familie ortodoxă, eram foarte departe de a trăi învățăturile credinței. Viața lumească, cu ispitele și ademenirile ei, a făcut ca treptat să uit tot ce fusese sădit în sufletul meu în copilărie.

În timpul primei călătorii în jurul lumii, am cunoscut foarte mulți oameni, am vizitat locuri noi, neobișnuite. Apoi m-am familiarizat cu așa-zisa învățătură ezoterică secretă a Estului. Nu voi relata acum cum și unde s-a întâmplat, voi spune doar că din acel moment viața mea s-a schimbat radical. Pe calea vieții mele au început să apară cei pe care i-am considerat purtători de cunoștințe superioare și ale căror cuvinte erau pentru mine o lege absolută.

M-am străduit din toată inima și cu toată sinceritatea să devin purtător al binelui și mi se părea că într-adevăr fac ceva bun. Dumnezeu însă, văzând sinceritatea mea și nevrând moartea păcătosului, m-a salvat în mod miraculos. Iată cum s-a întâmplat.

Într-o zi am primit un apel neașteptat de la Ministerul maritim. Conversația a fost foarte scurtă.

- Considerăm că sunteți cea mai potrivită persoană pentru o misiune. Trebuie să livrăm urgent o încărcătură de mine într-unul dintre porturile din Orientul Îndepărtat. Încărcătura este foarte secretă. Au fost luate toate măsurile pentru a se asigura că celelalte puteri interesate, în special

Anglia, nu vor cunoaște nimic despre acest lucru. Dumneavoastră veți comanda o navă, care parțial va fi încărcată cu lemn. Despre traseu și porturile la care aveți dreptul să intrați pentru încărcarea cărbunelui, veți afla când veți ieși în mare. Sperăm că înțelegeți ce încredere vi se acordă și veți trage concluziile corespunzătoare.

Peste două săptămâni, totul era pregătit pentru campanie. Pregătirea mea personală nu a durat prea mult. Am pregătit și am împachetat cele mai importante lucruri și doar i-am cerut bunicii mele să împacheteze cărțile pe care le-am selectat. În principal, erau cărți consacrate problemelor care mă interesau atunci.

Iată că am pornit la drum. Am trecut rapid și fără primejdii Marea Baltică și am ieșit în largul oceanului. Aici au început toate...

În acest moment al povestirii, am simțit în vocea Părintelui Nicolai o schimbare, emoțiile lui ni s-au transmis involuntar și nouă.

Oceanul, și-a continuat părintele povestirea, ne-a întâmpinat cu o furtună puternică, una dintre acelea din care nu reușesc să scape toate corăbiile. Două zile ne-am luptat cu vântul. Eram sleiți de puteri, aproape nu dormisem, dar furtuna nu slăbea.

Obosit și epuizat, am mers în cabina mea pentru a mă încălzi puțin cu un pahar de ceai fierbinte. În cabină era dezordine. Majoritatea lucrurilor au căzut pe podea și nu mă puteam dumeri unde pot găsi ceva anume.

Cu greu, mișcându-mă printre lucrurile împrăștiate, am ridicat de jos o carte, am deschis-o și am dat de chipul unui stareț. M-am uitat la titlu: «Istoria vieții și faptelor starețului pustiei din Sarov, Ieromonahul Serafim».

De unde și cum a ajuns această carte la mine, nu înțelegeam. Chipul bătrânului m-a captivat. Nu mai auzisem niciodată până atunci despre Ieromonahul Serafim și, în general, știam foarte puțin despre asceții noștri.

Mi-am găsit cu greu un loc pe pat și am început să citesc. În fața mea s-a deschis o lume duhovnicească nouă și complet necunoscută pentru mine. Lumina liniștită și pacea sufletească pe care am căutat-o atâta timp și pe care nu reușeam s-o descopăr în nimic, a pătruns acum în sufletul meu aducând o dulceață de nedescris.

Am terminat de citit, am privit din nou către chipul bătrânului și involuntar am apropiat buzele de imaginea lui. Pentru prima dată în ultimii ani, din ochii mei au început să curgă lacrimi.

Furtuna părea să se liniștească. Cred că am

ațipit puțin, atunci când am simțit că cineva încearcă să mă trezească cu prudență. Era ajutorul meu. Palid și tulburat, a șoptit:

- Avem o problemă foarte mare. Una dintre mine a căzut din lăcașul ei și se rostogolește prin santină.

Am coborât în grabă. Auzeam cum mina, care fusese smulsă din cuibul său de furtună, se lovea de peretele navei.

Explozia putea să aibă loc în orice clipă, ceea ce însemna distrugerea navei cu întreaga sa încărcătură mortală și tot echipajul, care nici nu era pe deplin conștient de pericol. Ce puteam face?

Nava a fost încărcată cu lemn, astfel că era imposibil să ajungi la cala navei, iar în condițiile de vreme rea, imposibil. Dacă s-ar fi întâmplat un miracol și nava nu ar fi explodat, era necesar să mergem în cel mai apropiat port, care putea fi doar unul englezesc și unde era categoric interzis de a intra conform ordinului secret.

Am luat unica decizie posibilă, de a încălca ordinul și a merge în port, încercând să salvez oamenii. Îmi vine greu să-mi amintesc și acum despre sentimentele mele de atunci, închipuiți-vă cum mă simțeam...

Singura bucurie era Părintele Serafim. Știam foarte bine că în lume nu există lucruri întâmplătoare și Dumnezeu, într-un mod necunoscut de mine, mi l-a trimis pe Îngerul Său Ceresc în persoana Părintelui Serafim. Întreaga putere a rugăciunii mele neputincioase am îndreptat-o către Cuviosul lui Dumnezeu, cerându-i să ne salveze de la moartea sigură.

Și minunea s-a întâmplat.

Am ajuns cu bine într-unul dintre cele mai apropiate porturi englezești și aici, din nou prin mila lui Dumnezeu și cu rugăciunile Starețului Serafim, am fost păziți de necazuri.

Cu toate că s-a făcut cea mai minuțioasă inspecție a navei noastre de către autoritățile portuare, nu au găsit nimic.

După plecarea lor, am dat la o parte lemnul pentru a putea ajunge la încărcătura noastră mortală și atunci am conștientizat cât de mare era pericolul: viața noastră era agățată de un fir de păr.

N-aș fi vorbit acum cu voi, dacă Cuviosul Serafim nu ne-ar fi ajutat. Vă dați seama că după cele întâmplate nu mai puteam rămâne departe de Dumnezeu...

Aceasta este istoria chemării de care ați întrebat, dar de fapt a minunii care m-a adus la adevărata viață.

"Dacă nu te vei pocăi, îți vei pierde sufletul..."

Nicolae era fiu de preot. După admiterea sa la universitate și schimbarea anturajului, tânărul a început să se îndepărteze de Biserică, nu mai mergea la slujbe și nu se mai ruga nici acasă. Au trecut astfel câteva luni, iar de ajunul Nașterii Domnului, Nicolae a venit acasă.

- Fiule, poate mergi la vecernie, doar mâine e o sărbătoare mare, l-a îndemnat mama sa. Și tatăl tău ar fi foarte bucuros să te vadă la biserică.

Nicolae i-a răspuns răstit:

- V-am spus de multe ori că nu am ce căuta acolo... Ce pot să obțin din îmbulzeala și năduful de acolo?

- Nu aș vrea să se întâmple, dar ia seama ca Dumnezeu să nu te pedepsească pentru astfel de cuvinte, i-a spus mama sa întristată.

Peste vreo câteva ore, Nicolae a vrut să ia o carte de pe poliță, însă a strigat și a lăsat în grabă mâna în jos. Cu trecerea timpului durerea doar se intensifica și sub braț a început să crească rapid o tumoare.

Dimineața, a fost chemat un medic, care a constat că este vorbă de hidradenita supurativă. Totodată, el a menționat că tumoarea trebuie se "coacă" și abia apoi să se înfăptuiască o intervenție chirurgicală.

Pentru Nicolae, a început o perioadă grea, cu dureri acute și nopți fără somn.

Totodată, el și-a dat seama că boala a survenit după ce mama sa l-a prevenit despre pedeapsa dumnezeiască. Tânărul nu-și pierduse credința, ci doar nu-și dorea s-o accepte. Acum însă, conștiința sa se trezise și îl chinuia nu mai puțin decât boala.

El a observat la mama sa o icoană pe care nu o mai văzuse până atunci în casă. Era chipul Sfântului Serafim de Sarov, care tocmai fusese canonizat. În aceeași seară, el a rugat-o pe mama sa:

- Dă-mi, te rog, pentru noaptea aceasta icoana Cuviosului Serafim.

Noaptea, preoteasa a fost trezită de strigătul lui Nicolae. Ea s-a grăbit să ajungă în camera lui.

Tânărul stătea așezat pe pat, iar în jurul lui se

formase o băltoacă de puroi și sânge. Nicolae era tulburat și abia putea vorbi:

- Acum câteva minute, a fost aici Sfântul Serafim și mi-a spus că dacă nu mă voi pocăi și nu-mi voi schimba viața, îmi voi pierde sufletul. Apoi s-a atins de mâna mea și tumoarea s-a spart. Acum nu mai simt nici o durere. Mâna mea e sănătoasă.

Cele întâmplate i-au răvășit sufletul tânărului, el a abandonat studiile la universitate și s-a înscris la academia de teologie. După ce și-a terminat studiile, a plecat la mănăstire. A fost călugărit cu numele Serafim, iar mai târziu a devenit episcop de Dmitrevsk.

"Apa e foarte rece..."

Regretata Lidia Nicolaevna, mi-a povestit despre călătoria sa la Sarov, care s-a întâmplat puțin după canonizarea Sfântului Serafim.

Soțul ei, preotul Ilia Mihailovici, care era și om de știință, îl cinstea pe Cuviosul Serafim încă înainte de canonizarea acestuia. Inițiativa călătoriei la Sarov și Diveevo îi aparținea, iar Lidia a primit această propunere indiferentă, mai ales că Părintele Ilia trebuia să se pregătească pentru a pleca la o conferință științifică la München.

Au decis că vor pleca la Sarov la începutul lunii iulie.

Seara, în ajunul călătoriei, Lidia a început să se simtă rău. I se inflamase gâtul, iar durerea cumplită de cap a făcut-o să se culce în pat. Avea și febră. Lidia Nicolaevna se îmbolnăvea adesea de anghină și de fiecare dată boală se trata foarte greu.

Ea a decis să nu-i spună soțului despre gravitatea situației și a doua zi dimineață au pornit spre Sarov.

Pe drum, Lidia s-a simțit și mai rău: nu a putea înghiți nici măcar apă și a început să se sufoce. De la gară până la mănăstire au călătorit cu caii. Sub influența aerului proaspăt, femeia a început să respire mai ușor, însă durerea din gât a devenit mai acută.

La mănăstire au ajuns cu vreo oră înainte de începutul vecerniei. Părintele Ilia a rămas să discute cu călugărul de la arhondaric, iar Lidia a decis să meargă în cameră și să se culce. Era decisă ca în seara aceea să nu meargă la biserică. Între timp, a venit și părintele și i-a propus să meargă la izvorul tămăduitor al cuviosului. Spre surprinderea sa, preoteasa a acceptat.

S-au apropiat de izvor și Lidia s-a îndreptat spre cabinele destinate femeilor și a auzit cum cineva spunea ieșind din apă:

- Apa e foarte rece, parcă e cu gheața.

Ea s-a gândit:

- Este o nebunie să te scalzi în apă rece, când ai febră mare.

Totuşi, s-a dezbrăcat, și-a făcut semnul crucii și s-a scufundat.

După ce a ieșit din apă, Lidia Nicolaevna s-a

îmbrăcat și a decis ca până revine părintele să cerceteze împrejurimile. Abia acum, privind în jur, ea a simțit că este un loc plin de har şi pace.

După ce i s-a alăturat și părintele, s-au îndreptat către biserică pentru a participa la vecernie. Au intrat, au aprins câteva lumânări, s-au închinat la racla Sfântului.

Între timp, a început slujba.

- Te rog să stăm mai aproape de ieșire, l-a rugat Lidia. Dacă nu mă voi simți bine, aș vrea să pot ieși la aer.

Lidia Nicolaevna nu-și mai aduce aminte cum a început slujba. Avea senzația că cele ce se întâmplă în jurul ei nu au loc în realitate, ci într-un vis.

La un moment dat, soțul i s-a adresat:

- Te simți bine, poate mergi să te odihnești?

- Nu, nu, sunt bine, i-a răspuns ea.

Spre sfârșitul slujbei, femeia și-a dat seama că nu mai simte nici o durere, din contră, avea senzația că este plină de puteri.

"Probabil e din cauza febrei, dar de ce nu mă mai doare gâtul?"

La cazare, li s-a oferit un ceai și Lidia l-a băut cu bucurie, chiar reușind să mănânce și niște pesmeți.

Și–a măsurat temperatura. Nu mai avea febră.

Noaptea, a dormit foarte bine, iar înainte de a merge la Sfânta Liturghie, i-a relatat părintelui despre boala și vindecarea sa. Au mers în biserică și i-au mulțumit Cuviosului pentru vindecare.

"Să bei apă de la izvorul meu și te vei vindeca"

În jurul anului 1950, am fost diagnosticată cu o boală grea de ficat. De câteva ori pe an, aveam niște crize, însoțite de dureri cumplite. Îndeosebi anul 1953 a fost dificil pentru mine. Durerile au devenit zilnice. Cu greu mai făceam față programului de muncă de opt ore.

Nu puteam să-mi permit un alt loc de muncă, căci aveam nevoie de bani. Trebuia să am grijă și de mama mea care era bolnavă și locuia în afara orașului.

A venit vara și perioada concediului, însă a urmat o nouă criză pe care am depășit-o foarte greu, nu prea eram în stare să am grijă și de mama mea.

Seara, înainte de somn, îmi plăcea să citesc din cartea "Viața Cuviosului Serafim de Sarov". În una din aceste seri, m-am adresat Sfântului cu o rugăminte:

"Ai ajutat și ai vindecat atât de mulți oameni. Tămăduiește-mă și pe mine. Știi că trebuie să lucrez și să am grijă și de alții."

Peste câteva clipe, am observat chipul Cuviosului Serafim care s-a apropiat de mine. El a pus crucea lângă ficatul meu, apoi am auzit cuvintele sale:

- Să bei apă de la izvorul meu și te vei vindeca.

Am rămas în continuare întinsă în pat, încercând să înțeleg dacă ceea ce am văzut s-a întâmplat cu adevărat sau poate ațipisem și a fost un vis. Cel mai mult mă tulburaseră ultimele sale cuvinte. De unde puteam să găsesc această apă la Moscova?

A doua zi, ca prin minune am primit în dar o sticluță cu apă de la izvorul Sfântului Serafim. Din acea zi nu am mai simțit nici o durere, iar apoi și medicii mi-au confirmat că m-am vindecat complet.

"Stai bine, să nu cazi..."

Această întâmplare mi-a relatat-o Olimpiada Ivanovna. Când îmi povestea cele întâmplate, îi tremura vocea, iar fiul ei, despre care era vorba, stătea alături de ea, confirmând cele relatate.

Vanea avea șapte ani. Ca și majoritatea copiilor era neastâmpărat și făcea șotii. Locuiam la Moscova, într-o clădire cu cinci etaje, iar în blocul de alături locuia nașul de botez al lui Vanea.

Într-o seară, l-am rugat pe Vanea să-și invite nașul la noi, să bem împreună un ceai. Vanea a ieșit din casă rapid, îndreptându-se către blocul vecin. A urcat la etajul trei, dar nu a reușit să apese pe sonerie, era prea înalt pentru el. A decis să stea puțin pe coridor, poate între timp va trece cineva să îl ajute. S-a așezat pe balustrada scării, dar la un moment dat a alunecat și a căzut în gol.

La etajul întâi era un portar, care ne cunoștea. Când a văzut cele întâmplate s-a grăbit la noi:

- Vanea a murit!

Am alergat împreună către blocul vecin, însă când ne-am apropiat de ușă, l-am observat pe Vanea, care merge încet în întâmpinarea noastră.

- Vaniușa, drăguțule, ești viu? l-am îmbrățișat eu plângând.

- Unde te doare?

- Nu mă doare nimic. Am vrut să-l chem pe naș, cum m-ai și rugat, dar am alunecat și am căzut. Stăteam întins pe podea și nu puteam să mă mișc. S-a apropiat de mine un bătrânel, cel care e reprezentat pe icoana din camera ta. El m-a ridicat și m-a sprijinit, îndemnându-mă:

- Hai, băiete, stai bine, să nu cazi.

Apoi a dispărut, iar eu am hotărât să merg acasă. După cele întâmplate, Vanea a dormit aproape douăzeci și patru de ore, iar când s-a trezit era complet sănătos.

Pe icoana despre care era vorba era reprezentat Cuviosul Serafim de Sarov.

Cartea

O perioadă îndelungată, una din cărțile mele preferate a fost "Viața Sfântului Serafim de Sarov". Puteam să o citesc și să o recitesc de nenumărate ori.

Nu o singură dată, am împrumutat-o și prietenilor mei care au vrut să afle mai multe despre acest mare și minunat sfânt. Însă, treptat cartea s-a rupt, iar coperta era într-o stare deplorabilă. Astfel, am decis să nu o mai împrumut nimănui.

De decis am decis, dar nu a fost să fie.

Într-o seară, ne-am adunat la un ceai cu mai mulți prieteni. Unul dintre ei a vrut să vadă ce cărți citesc. A luat în mână cartea despre Sfântul Serafim de Sarov, a răsfoit-o puțin, apoi mi-a zis că ar vrea foarte mult s-o citească.

- Bine, fie, i-am spus eu, dar îmi promiți că nu o mai dai nimănui. În curând, nu va rămâne nimic din ea și nu știu dacă o mai pot găsi să o cumpăr.

- Da, desigur. O iau pentru mine și după ce o citesc ți-o returnez imediat.

Așa mi-a spus atunci, dar n-a fost să fie...

Când voia să-mi dea înapoi cartea, s-a întâlnit cu o vecină, care a vrut și ea neapărat s-o citească. El i-a împrumutat-o, menționând:

- O citești și mi-o dai înapoi, bine? Nu o mai dai nimănui, căci și așa mi-am încălcat promisiunea.

Vecina în cauza, dar și mama acesteia au citit cartea cu mare bucurie, dar nu s-au grăbit s-o returneze. Această tânără se întâlnea cu un inginer, care tocmai în acele zile a cerut-o în căsătorie. Ea ar fi vrut să accepte, însă exista un motiv serios care o oprea.

- Eu cred în Dumnezeu, iar tu nu ești nici măcar botezat. Nu vei vrea să ne cununăm și te vei împotrivi dorinței mele de a merge regulat la slujbe, iar când se vor naște copiii, nu-mi vei permite să-i educ așa cum m-a educat mama mea, adică cu și în Dumnezeu. Din păcate, avem convingeri diferite, de aceea nu pot să accept propunerea ta. Îmi pare foarte rău, dar este vorba de niște lucruri care sunt extrem de importante pentru mine.

Tânărul nu a vrut să accepte refuzul și a decis să vorbească cu mama fetei. Astfel, s-a întors după câteva zile, când putea vorbi cu ea. Mama fetei l-a primit cu înțelegere, însă i-a explicat și ea că le va fi foarte greu să formeze o familie, dacă la baza ei nu va fi Hristos. Văzând că oaspetele s-a întristat, a mers la bucătărie să pregătească un ceai. Tânărul a rămas în camera pentru oaspeți și cât timp aștepta revenirea gazdei, a început să răsfoiască o carte pe care a găsit-o pe marginea patului. Era desigur cartea despre Sfântul Serafim.

Când i s-a adus ceaiul, el a rugat să i se împrumute pentru câteva zile cartea pe care o ținea în mâini. Mama fetei a încercat să-i explice că nu este cartea lor și că trebuie s-o returneze, însă când ea a mers la bucătărie, tânărul a luat cartea și fiind deja în pragul ușii, a strigat că se grăbește și a plecat.

Când femeia a văzut că nu mai este cartea, era prea târziu. Deși i-au relatat celui care le-a împrumutat cartea despre cele întâmplate, s-au gândit să mai aștepte, sperând că va fi returnată cartea.

Așa au trecut două luni.

În a cincea săptămână a Postului Mare, tânărul inginer a apărut din nou în casa alesei inimii sale.

- Dragile mele, vă rog din tot sufletul să mă iertați. A fost o perioadă foarte grea pentru mine, a trebuit să iau decizii foarte importante, însă m-a ajutat Sfântul Serafim de Sarov și am reușit să le depășesc pe toate. Ieri am primit Taina Sfântului

Botez. Am citit cartea pe care am luat-o de la voi de câteva ori, apoi am citit și alte cărți despre credință și Hristos. Îmi cer iertare că am luat-o fără să cer voie. Așa am înțeles că vreau să fiu creștin, vreau să duc o viață în care să fie mereu Hristos.

A pus pe masă o carte. Era cartea despre Sfântul Serafim, doar că avea acum o altă copertă, frumoasă și scumpă.

Astfel a revenit această carte la mine, doar că, aflând cele întâmplate, am decis să o ofer tinerilor ca dar la nunta lor.

Pâinea

O măicuță de la Schitul Mănăstirii Diveevo ne-a povestit următoarea întâmplare:

Noi nu avem transportul nostru, iar iarna ajung la noi foarte puțini oameni. Se întâmplă ca două-trei luni pe an să rămânem izolate de ceilalți, deoarece zăpada acoperă toate drumurile către noi. În una din aceste ierni, am mâncat toată pâinea pe care o aveam, rămânând doar niște pesmeți. Atunci i-am spus părintelui (toate măicuţele i se adresează Sfântului Serafim de Sarov în rugăciune "părinte" sau "părinte Serafim"):

- Părinte Serafim, trimite-ne și nouă puțină pâine, căci deja și pesmeții ni se termină.

Au trecut vreo două ore și măicuța a observat cum la schit a venit un camion. Ea a ieșit să vadă cine este. Din cabină a ieșit un bărbat care le mai aducea uneori diferite produse. Vădit emoționat i se adresă:

- Primește, măicuță, pâinea.

Apoi i-a relatat următoarele:

Eram în drum spre alt schit, destul de departe de voi, când am auzit un glas: "Mergeți spre..." și a numit schitul vostru.

Atunci am întrebat șoferul:

- Ai auzit ceva?

El m-a privit mirat și a spus că nu a auzit nimic.

Peste câteva minute, același glas a repetat din nou îndemnul. Din nou m-am adresat șoferului:

- Nu înțeleg cum eu aud, dar tu nu?

Apoi a treia oară, am auzit îndemnul. De data aceasta glasul Sfîntului Serafim devenise foarte aspru. Atunci i-am zis șoferului că mergem la voi și iată că v-am adus pâinea.

"Mai mult nu te va durea"

La schitul de care am relatat în întâmplarea anterioară, locuiau și fetițe de zece-douăsprezece ani. Una dintre ele avea ascultarea de a face ordine în biserică.

În una din zile, ea s-a trezit cu o durere de dinți, dar sperând că durerea va trece, s-a îndreptat către biserică.

A trecut o oră și durerea nu doar că nu s-a diminuat, dar a devenit și mai puternică. I se umflase falca și a început s-o doară și capul. Neștiind ce să facă, s-a așezat pe un scăunel și a început să plângă.

Printre lacrimi, a observat că cineva a ieșit din altar și s-a îndreptat către ea. Era un bătrânel îmbrăcat în alb și puțin gârbovit. S-a apropiat de ea și a întrebat-o:

- De ce plângi?

- Mă doare un dinte, tare...

El a mângâiat-o pe obraz și i-a spus:

- Mai mult nu te va durea.

Și s-a îndreptat către altar.

Fata a simțit cum durerea a lăsat-o și într-adevăr nu a mai avut durere de dinți după această întâmplare.

"Mulțumește-i părintelui..."

Am crescut într-o familie iubitoare și plină de dragoste împreună cu sora mea, Nastea. Mereu ne-am împăcat foarte bine, doar că aveam diferite scopuri în viața. Ea din adolescență era înconjurată de atenția tinerilor și s-a căsătorit devreme. Mie însă îmi plăcea viața retrasă, liniștea și rugăciunea. Îmi doream foarte mult să fiu primită la Mănăstirea de maici Sfântul Ioan Teologul, întemeiată de Părintele Ioan de Kronstadt. Pe părinte l-am îndrăgit încă din copilărie și de câteva ori fusese la noi acasă.

Visul meu s-a împlinit și am fost primită la această mănăstire. După ce am discutat cu maica stareță despre aptitudinile mele, ea mi-a spus că printre ascultările mele de bază va fi cântarea la strană și studiul în atelierul de pictură. Era o mănăstire situată în preajma orașului și deci și ascultările noastre se deosebeau de cele care le înfăptuiesc măicuțele la mănăstirile din sat.

La strană trebui să cânt cu vocea întâi, dar, deși până atunci îmi plăcea să cânt, acum am început să simt o greutate de la această ascultare.

Într-o zi, a venit la mănăstire Părintele Ioan. Noi l-am înconjurat, bucurându-ne de vizita sa. Mi s-a adresat și mie:

- Cum îți merg treburile, Varvara? Nu regreți că ai venit la mănăstire.

Nu am putut răbda și i-am spus:

- E totul bine, doar că nu-mi mai place să cânt, parcă nu e locul meu acolo.

Părintele Ioan m-a privit atent apoi mi-a spus:

- La mănăstire nu e cum vrei, ci cum trebuie. Și nu deznădăjdui, vei îndrăgi să cânți la strană.

Atunci nu l-am crezut, însă toamna s-a schimbat conducătorul corului. El ne-a rugat pe fiecare să interpretăm ceva ca să-și dea seama de aptitudinile noastre. După ce m-a ascultat, m-a întrebat mirat de ce cânt pe prima vocea, când ar trebui să cânt cu vocea a doua. De atunci, lucrurile s-au schimbat. Într-adevăr, am îndrăgit ascultarea mea după cum îmi și spusese Părintele Ioan.

Când trecuse aproape un an de la venirea mea la mănăstire, m-am îmbolnăvit. Mi-a apărut o tumoare pe gât. La început era mică, dar treptat s-a mărit și începusem să mă simt rău.

I-am arătat stareței tumoarea și ea mi-a spus că vom merge cu prima ocazie să consultăm un medic.

Au trecut două zile de la discuția noastră, când în vizită la mănăstire a venit Părintele Ioan. L-am întâmpinat și ne-am îndreptat către biserică, căci toate vizitele sale la mănăstire începeau cu săvârșirea unui moleben de mulțumire. Când mă îndreptam către strană, maica stareță m-a oprit și m-a îndemnat să mă apropii de Părintele Ioan pentru a lua binecuvântare.

Când ne-am apropiat, ea i s-a adresat părintelui:

- Părinte, roagă-te pentru Varvara, s-a îmbolnăvit și încă nu știm ce ne va spune medicul.

Apoi, m-a îndemnat să-i arăt tumoarea Părintelui Ioan. El a privit atent, apoi a însemnat tumoarea cu semnul crucii și a spus:

- Totul va fi bine. Va avea Domnul grijă. Du-te Varvara să cânți!

După moleben a urmat o discuție cu Părintele Ioan, apoi eu am fost chemată la trapeză să dau o mână de ajutor.

Astfel, m-am întors în chilie mult mai târziu ca de obicei. Am început să mă dezbrac și mi-am atins gâtul, dar tumoarea dispăruse. Nu-mi venea să cred, căci era deja de dimensiunea unui pumn.

În noaptea aceea nu am putut adormi, așteptam cu nerăbdare să vorbesc cu maica stareță.

Ea mi-a privit gâtul și mi-a spus:

- Să te rogi pentru Părintele Ioan și să-i mulțumești lui Dumnezeu. S-a întâmplat o adevărată minune.

"În curând, te vei căsători"

La Mănăstirea Sfântul Ioan Teologul, existau anumite zile și ore în care puteam să primim vizitele rudelor și prietenilor. În una dintre aceste zile, la o ascultătoare a venit sora ei mai mică. Fata era palidă, îi tremura glasul și încerca să-și ascundă privirea. Nu am reușit să discutăm multe cu ea, căci am fost anunțate că la mănăstire a venit Părintele Ioan. Noi ne-am bucurat și ne-am grăbit în întâmpinarea lui. Și fata aceasta ne-a însoțit.

Părintele ne-a binecuvântat pe fiecare, apoi când a ajuns în dreptul acestei tinere, i s-a adresat:

- Să știi că pentru tine am venit. Nici nu-ți închipui cât de tare mă speriasem că nu voi reuși.

Noi nu am înțeles cuvintele părintelui, însă fata și-a dat seama foarte bine despre ce este vorba.

Părintele a continuat:

- Acum vom merge cu toții să săvârșim un

moleben[1], iar apoi o să vorbim. Să nu pleci nicăieri, m-ai înțeles? i-a spus el pe un ton mult mai dur.

Am mers la biserică.

După moleben, părintele a luat-o pe fată de mână și i-a adresat:

- Nu ai minte? Cum putea să-ți vină așa ceva în cap. Hai să discutăm.

Ei s-au așezat pe o bancă și au discutat mai mult de oră. Părintele îi explica ceva, iar fata nu răspundea nimic, doar plângea.

Spre sfârșit discuției, glasul părintelui a devenit mult mai blând. El a binecuvântat-o și i-a spus:

- Ai înțeles? Te-ai liniștit?

Ea a dat afirmativ din cap și i-a sărutat mâna. Părintele Ioan și-a luat rămas bun de la noi și ne-a spus:

- Am rezolvat problema pentru ce am venit, acum pot liniștit să plec, lăsându-vă în grija lui Dumnezeu.

După plecarea părintelui, fiind curioase, am întrebat-o pe fată ce i s-a întâmplat și de ce părintele devenise atât de aspru cu ea. Ea ne-a povestit următoarele:

De mai mult timp se întâlnea cu un băiat,

---

1 Slujbă de cerere sau de mulțumire

părinții deja se pregăteau de nuntă, dar mirele s-a îndrăgostit de altă fată și a părăsit-o. Nimeni nu putea să-i aline durerea. Ea considera că viața ei de mai departe nu mai are nici un sens. Astfel, a decis că moartea o va izbăvi de toată durerea și suferința. Deja decisese că se va arunca în fața unui tren. Totuși îi era foarte greu să facă acest ultim pas. De aceea, a decis să-și viziteze mai întâi sora și apoi să nu mai revină acasă și să-și realizeze planul. Nu știm cum a aflat Părintele Ioan despre toate acestea, cert este că el cunoaştea, fără ca să-i spună cineva, intenția fetei.

Înainte de plecare, Părintele Ioan i-a spus:

- În curând o să cunoști un bărbat foarte bun. Vă veți căsători și veți avea și copilași.

Și într-adevăr, fata s-a căsătorit cu un tânăr minunat, găsind fericirea mult dorită.

Rugăciunea neînțeleasă

Tatăl meu era foarte sceptic în privința Părintelui Ioan de Kronstadt. Minunile și popularitatea sa neobișnuită, el le explica prin faptul că părintele ar fi folosit hipnoza sau alte asemenea lucruri.

Noi locuiam la Moscova și tata era avocat. Când s-au întâmplat acestea, eu aveam puțin mai mult de patru ani. Am fost numit Serghei în cinstea tatălui meu. Eram unicul copil din familie, astfel că toată atenția și dragostea erau concentrate asupra mea. Tata avea deplasări dese la Sankt Petersburg, unde locuia fratele său Constantin, la care rămânea până își rezolva problemele de serviciu. Așa s-a întâmplat și de această dată.

El și-a găsit fratele și cumnata agitați: mezina lor, Elena, se îmbolnăvise. Fetița a suportat destul de greu boala și, deși începuse să se simtă mai bine, părinții ei l-au invitat pe Părintele Ioan să vină la ei pentru a săvârși o rugăciune pentru vindecare.

Tatăl a glumit pe seama lor și a plecat la tribunal, unde era examinat cazul clientului său.

Când s-a întors după amiază, a văzut o sanie și o mulțime de oameni adunați în jur. Realizând că a venit Părintele Ioan, a intrat în hol, unde părintele săvârșea un moleben.

Tatăl și-a găsit un loc într-un colț mai îndepărtat și privea curios ce făcea părintele. Cel mai mult l-a surprins faptul că Părintele Ioan a menționat doar de câteva ori numele fetiței Elena, apoi a îngenuncheat și a început să se roage pentru un copil necunoscut, grav bolnavul prunc Serghei.

A rămas mai mult timp în genunchi, rugându-se fierbinte, apoi i-a binecuvântat pe toți și a plecat.

- Nu e sănătos, s-a indignat tatăl meu după plecarea părintelui. L-ați invitat să se roage pentru Elena, iar el aproape că nu a amintit de ea, rugându-se pentru un oarecare Serghei pe care nici măcar nu-l cunoaștem.

- Elena e aproape sănătoasă, i-a răspuns timid cumnata, dorind să-l protejeze pe părintele care era respectat de întreaga familie.

Noaptea, tatăl meu a plecat spre Moscova.

Sosind acasă, a fost surprins de dezordinea

care domnea în casă, iar când a văzut fața palidă a soției sale, s-a înspăimântat:

- Ce s-a întâmplat?

- Dragul meu, probabil că trenul tău nici nu reușise să se îndepărteze de la Moscova, când Serghei a început să se simtă foarte rău. Îi crescuse febra și a început să vomite. L-am invitat pe medicul nostru, însă el nu a putut să stabilească ce se întâmplă cu băiatul, astfel că au fost invitați alți câțiva medici. Serghei se simțea tot mai rău. Trei medici au petrecut lângă el toată noaptea, iar spre dimineață, mi-au spus că băiatul nu va supraviețui. Nu știu dacă o să-ți poți imagina prin ce am trecut în aceste ore. În aceeași zi, după amiază, Serghei a adormit. După ceva timp, am observat că nu mai are febră și respirația îi devenise normală. Medicii nu găseau nici o explicație pentru cele întâmplate. Acum are doar o mică slăbiciune, dar a mâncat și se joacă liniștit cu ursulețul său.

Ascultând-o pe mama mea, tata apleca tot mai jos capul:

- Iată deci pentru care grav bolnav Serghei s-a rugat atât de fierbinte Părintele Ioan!

Vindecarea

În sudul Rusiei, locuia un evreu bogat care se ocupa cu comerțul, dar în același timp era și rabinul sinagogii locale. Soția lui s-a îmbolnăvit de cancer esofagian. În cele din urmă, boala s-a agravat, esofagul ei devenind impenetrabil nu numai pentru hrană, ci și pentru apă.

Medicii locali le-au spus că nu mai are nici o speranță și că pot doar să o ajute să suporte mai ușor durerea.

Fiindu-i frică de moarte, femeia își ruga soțul s-o ajute să se vindece. Văzând suferința acestei familii, credincioșii ruși l-au sfătuit pe rabin să-i trimită o telegramă Părintelui Ioan Sergheev (de Kronstadt), menționând că rugăciunile sale fac minuni. Rabinul i-a ascultat și a trimis o telegramă.

În curând, a venit răspunsul:

"Mă rog pentru ea. Se va însănătoși. Părintele Ioan"

Când evreul i-a transmis conținutul telegramei soției, ea i-a reproșat:

- Tu însuși ești rabin. Nu ai putut să te rogi pentru mine? Trebuia neapărat să te adresezi unui preot ortodox?

Văzând tulburarea soției și vrând s-o liniștească, el i-a întins un pahar de apă. Femeia l-a luat și uitând că de mult timp nu mai poate bea nimic, l-a băut cu ușurință.

Abia acum au înțeles că s-a întâmplat o minune. Femeia a cerut ceva de mâncare. Spre surprinderea soțului, ea a putut să mănânce cele aduse. Medicii care o trataseră până atunci au rămas surprinși, neînţelegând cum era posibilă o astfel de vindecare.

Părintele Fiodor

Am avut în viața mea o perioadă foarte grea. Mă ascundeam ba la unii, ba la alții, dar nu puteam continua la nesfârșit așa. În plus, era un pericol foarte mare și pentru cei care mă găzduiau. Am aflat între timp că nu departe de Sankt Petersburg era Mănăstirea Valaam (care pe atunci era pe teritoriul Finlandei).

M-am gândit să încerc să ajung cumva la mănăstire, să mă închin Cuvioșilor Serghie și Gherman și să cer sfaturi și îndrumare de la stareții de la mănăstire. Eram deznădăjduit, nu mai găseam putere să merg mai departe, mai ales că viitorul era foarte sumbru.

Totodată, îmi dădeam foarte bine seama că dacă voi fi prins lângă graniță, voi fi declarat spion și împușcat. Și încă ar fi fost bine dacă mă vor împușca pe loc, dar cel mai probabil inițial voi fi chinuit și interogat. Cine mă va crede că vreau să ajung la mănăstire?

Totuși am decis să merg. Trebuia să trec printr-o mlaștină, după care urma un râuleț și puteam ajunge cu bine în Finlanda.

Era o noapte întunecată, ploua, iar eu încercam să înaintez, șoptind rugăciuni și rugându-l pe Părintele Ioan de Kronstadt să nu mă lase fără ajutorul său. Era deja timpul să ajung la râu, dar sau mă rătăcisem sau era totuși mult mai departe. Eram foarte obosit, ud leoarcă și nici nu știam încotro să merg. Pierdusem direcția. M-am culcat sub un copac și am decis să rămân până dimineață, când voi decide ce să fac mai departe.

Am ațipit puțin, apoi m-a trezit lătratul unui câine. Am deschis ochii, lătratul se auzea tot mai aproape. Am înțeles că se apropie sfârșitul meu și am îngenuncheat, încercând să înalț ultimele rugăciuni. O durere apăsătoare mă chinuia. Voi muri nepregătit. Nici nu mai știam de cât timp nu mai reușisem să mă mărturisesc.

Câțiva soldați m-au înșfăcat și m-au târât undeva. Eram sigur că voi fi împușcat în următoarele clipe. Între timp, am auzit cum un cechist i se adresase altcuiva:

- Se pare că acesta este spionul pe care-l așteptam.

Am fost dus într-o clădire, percheziționat, dezbrăcat și aruncat într-un podval. După un timp s-a deschis ușa și a intrat un ofițer:

- Ei, popă, ai câteva minute la dispoziție ca să ne dai toate amănuntele. De ce trebuia să treci granița, cine te-a trimis, unde te îndreptai? Am decis să nu-i răspund, oricum nu mă va crede. Am început să mă rog în sinea mea ca Dumnezeu să-mi dea putere și chinurile la care voi fi supus să nu fie de durată.

Tăcerea mea l-a enervat pe ofițer.

- Vorbește sau te omor.

Nu i-am răspuns.

Mâna cu revolverul s-a apropiat de fața mea, a apăsat pe trăgaci, dar nu s-a întâmplat nimic, la fel și a doua oară. Înjurând, m-a lovit cu putere în față.

Mi-am revenit abia în mașină. După cum am aflat mai târziu, s-a decis trimiterea mea la Leningrad, un asemenea criminal periculos trebuia interogat cum se cuvine.

Când am fost aruncat în celulă, nu mai aveam putere de nimic, eram rănit, bolnav, uitasem când am băut măcar un pahar de apă. Mă gândeam că în curând toate se vor sfârși și mă vor împușca. Cu ultimele puteri am început să mă rog ca Dumnezeu să-mi primească sufletul cât mai curând şi să termine chinurile mele.

Cred că am aţipit puţin, când mi s-a arătat Părintele Ioan de Kronstadt. El s-a aplecat către mine şi mi-a spus cu blândeţe:

- Ai vrut să suferi pentru Hristos, iată că Domnul ţi-a trimis după dorinţa ta.

M-am trezit şi parcă toate au devenit mai uşoare. Dumnezeu este cu mine şi nici Părintele Ioan nu m-a abandonat.

Au trecut câteva zile.

Într-o noapte, au venit după mine şi m-au condus la interogatoriu. Eram târât, slăbisem de la durere şi foame şi nu mai eram în stare să merg. Am început să mă rog în inima mea:

- Părinte Ioan, nu m-ai lăsat niciodată, te rog, mijloceşte şi acum către Domnul să mă întărească ca să pot primi moartea şi suferinţa pentru păcatele mele.

M-au dus într-o cameră şi m-au aruncat pe un scaun. Am văzut o fereastră cu gratii, iar sub ea o masă cu mulţime de hârtii pe ea. Lampa de pe masă acoperea aproape complet faţa anchetatorului. Am reuşit să văd doar că nu era bătrân. Răsfoia atent niște hârtii, probabil dosarul meu.

Așa a trecut un timp, apoi, fără să ridice capul și să mă privească, mi s-a adresat:

- Ei bătrâne, aștept să-mi relatezi acum toate. Nu are nici un sens să mă minți, oricum vom afla adevărul. Ce organizație te-a trimis, care era scopul, încotro te îndreptai, cine sunt persoanele de legătură?

Nu am răspuns.

- Crezi că nu vom putea să te facem să vorbești. Oare nu-ți dai seama unde te afli?

Mi-am făcut semnul crucii și am spus:

- Nu am ce să vă spun, căci oricum nu mă veți crede. Nu m-a trimis nimeni, scopul meu era să ajung la Mănăstirea Valaam, am vrut să rămân la mănăstire.

A ridicat capul și m-a privit foarte atent. Aveam senzația că voia să pătrundă în sufletul meu, să afle ceva. Tăcerea devenea tot mai apăsătoare, când m-a întrebat:

- Spune-mi, bătrâne, ai fost în vara anului cutare în satul Troițkoe?

Întrebarea lui a fost asemenea unei lovituri. Ar trebuie să vă spun că mă ascundeam în perioada la care făcea referire. Nu mai eram de mult timp preot cu parohie, ci un fugar, pe care îl ascundeau și îl adăposteau oamenii din diferite sate. Îi ajutam cu diverse și rămâneam când la unii când la alții.

Așa am ajuns și în satul Troițkoe. Am locuit la niște oameni buni vreo două săptămâni și deja mă pregăteam să plec, căci îmi puneam în pericol gazdele. În seara dinaintea plecării, a bătut cineva la ușă și după câteva minute stăpânul casei s-a urcat în podul casei, unde mă ascundeam, și mi-a spus:

- Părinte, nici nu știu cum să-ți spun. Administratorul școlii noastre e un comunist înflăcărat, nu doar că nu crede în Dumnezeu, dar îi și prigonește pe toți credincioșii. Are un singur fiu, care este bolnav: nu-și mai poate folosi piciorul, l-au dus la doctori, a stat la spital, dar nimic nu-l ajută. Mama băiatului a murit, iar bunica sa este o femeie credincioasă, liniștită, care adesea ne spune că băiatul plătește pentru păcatele tatălui său. Ea a aflat că ești la noi și cum ginerele ei e plecat, te roagă să vii la ei, să te rogi pentru vindecarea nepotului. Doar că situația e cam complicată. Școala se află în mijlocul satului, alături se află secția de miliție, consiliul local. Să nu ți se întâmple ceva rău.

Nu voiam să merg, dar am alungat aceste gânduri. Eram preot și era de datoria mea să merg la cel aflat în suferință.

Am pornit împreună cu bătrâna spre școală. Pe tot parcursul drumului ea m-a rugat s-o iert că m-a deranjat, dar nepotul e tot ce i-a rămas, iar medicii insistă că boala s-a agravat și unica soluție ar fi amputarea piciorului. Ce nenorocire!

Am ajuns la școală. Am intrat într-o sală unde era întins pe un pat un băiat de vreo cincisprezece ani. Era foarte palid. Doar ochii îi ardeau, fiind chinuit și de febră. Piciorul era bandajat, iar mirosul din cameră nu prevestea nimic bun pentru bolnav.

Am scos epitrahilul, crucea și o mică Evanghelie. Bunica a adus o icoană a Maicii Domnului.

Am început să mă rog cu lacrimi în ochi pentru tămăduirea băiatului. Îmi era milă de el, era prea tânăr și suferise deja foarte mult.

Cât m-am rugat, nu a scos nici un cuvânt, doar gemea, străduindu-se să-și înăbușe durerea. I-am dat să sărute crucea. A sărutat-o, apoi l-am uns cu mir și l-am binecuvântat. Apoi mi-am luat rămas bun și am plecat.

Dimineața, am fost trezit din somn. Gazdele mele mi-au spus că sunt căutat de miliție și că trebuie să plec cât mai rapid. Am reușit să fug atunci, însă am aflat mai târziu că gazdele mele au fost arestate. Nici acum nu-i pot uita și mă rog pentru ei.

Toate acestea mi le-am adus aminte atunci când anchetatorul m-a întrebat despre acest sat. Doamne, oare din nou vor avea de suferit oameni nevinovați?

- Am fost, i-am răspuns.

- Ai fost și la școala din localitate?

Am simțit din nou o durere cumplită în suflet. Am decis să-i răspund, înțelegând că știe cele întâmplate.

- Am fost și la școală.

- Și te-ai rugat acolo?

- Și acesta e un adevăr.

- Ai mers singur sau te-a invitat cineva?

- Durerea unui suflet chinuit m-a chemat.

S-a ridicat brusc de pe scaun și a început să meargă înainte și înapoi prin cameră. Semăna cu o fiară rănită, care nu știa ce să facă. Și-a aprins o țigară, s-a liniștit puțin apoi din nou s-a așezat.

- Ții minte și cum ai uns băiatul cu ulei? Eu eram acela...

Nu știam ce să-i răspund, așa că am decis să păstrez tăcerea.

- Iată deci unde ne-am reîntâlnit. Te-am recunoscut după voce. O să-ți fac o hârtie cu permisiunea de a părăsi orașul. Să pleci imediat, mă auzi, cât mai rapid posibil. Ține minte, a doua oară nu te voi mai putea salva.

Dumnezeu ne conduce pe căi știute doar de El, toate fiind spre folosul și mântuirea noastră. Nouă nu ne rămâne decât să nu ne pierdem încrederea în El, și-a terminat povestea Părintele Fiodor.

Sfântului Ioasaf al Belgorodului

Învățam la Academia Teologică din Sankt Petersburg. Acumulasem multe cunoștințe, însă nu credeam cu adevărat.

Am acceptat să merg la evenimentul consacrat descoperirii Sfintelor Moaște ale Sfântului Ioasaf fără tragere de inimă. Mă gândeam că vor fi mulți oameni, îmbulzeală, ca de-obicei se vor aduna toți cei care-și doresc minuni. Ce minuni se mai pot întâmpla în timpurile noastre?

Însă când am ajuns, am rămas uimit de ceea ce am văzut. Era imposibil să rămâi liniștit. S-au adunat din toată Rusia bolnavi, infirmi. Era în jur atâta durere și suferință, încât era imposibil să rămâi indiferent. Așteptarea generală a unei minuni, mi s-a transmis și mie.

A sosit împăratul însoțit de familia sa. Emoțiile

mă copleșeau, nu eram sigur de credința mea și totuși în interiorul meu se schimbase ceva.

Acum e dificil să ne imaginăm tabloul pe care-l vedeam: mii și mii de bolnavi, demonizați, orbi, s-au adunat de-a lungul drumului pe care trebuiau să fie purtate Sfintele Moaște ale Sfântului Ioasaf.

Îndeosebi mi-a atras atenția o persoană, care cu greu semăna a om. Parcă toate părțile corpului i s-au adunat împreună, formând un ghem de carne și oase. Oare ce așteaptă această persoană? Ce îl mai poate ajuta?

Apoi a fost scoasă racla cu Sfintele Moaște ale Sfântului Ioasaf.

Ceea ce am văzut în continuare era incredibil. Aproape toți bolnavii adunați de-a lungul drumului se vindecau, orbii vedeau, muții au început să vorbească, cei infirmi se ridicau pe propriile picioare și strigau de bucurie.

Priveam cu frică și cutremur cele ce se întâmplau în jurul meu. Totodată, mă străduiam să nu-l scap din vedere pe cel care îmi atrăsese atenția anterior.

Când racla cu Sfintele Moaște s-a apropiat de el, a întins mâinile, s-a auzit un scârțâit de oase, ca și cum ceva s-a rupt în interiorul lui, apoi el s-a ridicat în picioare.

Pentru mine a fost un șoc!

Am început să plâng.

Când m-am întors la Sankt Petersburg, nu mai eram cel de altă dată, nu mai aveam nici o îndoială: devenisem credincios.

Sfânta Eufrosina, Marea Ducesă de Moscova

Aveam doisprezece ani. Locuiam la Moscova și îmi plăcea foarte mult să merg duminica la slujbe atât dimineața, cât și seara, însă tatălui meu nu-i plăcea atașarea mea de Biserică, mai ales că uneori plecam dimineața și mă întorceam seara, ziua petrecând-o în biserică. Nu aveam unde să mănânc, astfel că de obicei rămâneam flămândă.

Tatăl meu i-a spus mamei că dacă nu voi veni la amiază la masă, să nu-mi dea de mâncare nici seara, însă ei îi era milă de mine și când îmi deschidea ușa seara, îmi șoptea:

- Sub perna ta este pâine și niște cartofi fierți.

Într-o duminică, după ce am mers la Sfânta Liturghie, am decis să mă plimb puțin și, fără să plănuiesc, am ajunul la una din bisericile Kremlinului. Aici era păstrata racla cu Sfintele Moaște ale

Sfintei Eufrosina. În biserică era doar o călugăriță care făcea curățenie.

M-am îndreptat către racla Sfintei, am îngenuncheat și am început să mă rog:

- Maică Eufrosina, ajută-mă, fă cumva să nu mai simt foamea aceasta chinuitoare.

M-am ridicat, am sărutat icoana și am vrut să plec.

Brusc în fața mea a apărut o monahie, înaltă, respectabilă și maiestuoasă. În mâini ținea o prescură foarte mare. Nu mai văzusem ceva asemănător până atunci. Am deschis gura, dar nu puteam spune nici un cuvânt.

Ea m-a privit cu blândețe și mi-a spus:

- Iată, fetițo. Ia-o și mâncă și-ți va trece foamea.

Am primit darul în tăcere, fără să îndrăznesc să rostesc vreun cuvânt, fără să mă mișc, iar ea s-a întors și s-a îndreptat încet către altar, parcă plutind prin aer.

După ce a dispărut, mi-am revenit și eu. M-am așezat pe un scăunel și am mâncat prescura. Era delicioasă. Nu am mai mâncat nici până atunci, nici după aceea ceva mai bun.

Uliana

- Părinte, o țineți minte pe Uliana? O femeie cu o viață cuvioasă. Ea își ascundea trăirea și nevoințele. De multe ori credeam că trăiește acea nebunie pentru Hristos pe care au avut-o mulți Sfinți. Totuși, cel care era atent, putea să vadă că după simplitatea ei se ascunde un suflet cu o frumusețe și o bogăție rară.

- Da, ai dreptate. Rugăciunea ei către Dumnezeu era mereu ascultată. O spun și din propria experiență.

Ea a apărut în orașul Kiev până la revoluție. Nu se știa aproape nimic despre viața ei, pentru că ori de câte ori încercai să discuți cu ea, ea începea să vorbească ciudat și era foarte greu să înțelegi semnificația cuvintelor ei. Cu toate acestea, atunci când venea la spovedanie, întotdeauna într-un mod foarte clar își spunea păcatele.

Eram în acea perioadă paroh al uneia dintre

bisericile orașului, era o perioadă foarte dificilă pentru slujitorii bisericii, dar și pentru creștini în general. Totodată, mă confruntam și cu o altă durere: soția mea s-a îmbolnăvit. Viața ei era în pericol. Era nevoie de o intervenție chirurgicală complicată. Fiind adâncit în gândurile mele triste, mă îndreptam prin troiene către biserică. Trebuia să reușesc să ajung la timp la vecernie.

Inima îmi era sfâșiată de durere: soția se stingea din viață, iar copii rămâneau orfani. Când eram deja lângă gardul bisericii, am observat brusc pe cineva. M-am apropiat puțin mai mult și am recunoscut-o pe Uliana. Cât de tare m-am bucurat să mă întâlnesc cu ea!

- Uliana, dragă, roagă-te pentru noi. Soția e pe moarte, nu știu ce vom face fără ea!

Uliana a tresărit, a tras capul în umeri și după câteva clipe mi-a răspuns foarte clar și senin:

- Mă voi ruga. Dumnezeu este milostiv, nu-ți va lăsa copii orfani, vei vedea.

Seara, când m-am întors acasă, am înțeles că situația s-a agravat și mai mult. Medicul care tocmai ne vizitase a găsit starea soției critică și mi-a spus că unica șansă este operația, care trebuie făcută cât mai rapid posibil.

Bolnava suferea dureri cumplite, iar medicamentele nu-și mai făceau efectul. Eu nu puteam s-o ajut cu prea multe. Totodată, simțeam o durere imensă în suflet. Mi-ar fi mult mai ușor să sufăr eu durerea în locul ei. Cu lacrimi în ochi, m-am rugat ca Dumnezeu să ne ajute și să-mi vindece soția.

Probabil am ațipit așa cum stăteam în genunchi. Deodată, l-am văzut foarte clar pe Starețul Nectarie, care de mult nu mai era în viață. Era însoțit de un ierarh. Chipul său îmi aducea aminte de Arhiepiscopul Antonie de Voronej. Țin minte că am strigat ceva și am alergat către stareț.

- Părinte, soția mea e pe moarte!

Starețul mi-a acoperit mâna cu mâna sa și mi-a spus:

- Nu te teme. Va fi bine.

Apoi s-a apropiat de patul soției și a însemnat-o cu mir pe frunte.

Am tresărit și m-am trezit din somn. Soția a suspinat:

- Cât de ușor și liniștită mă simt.

Dimineața, medicul a constat că nu mai e nevoie de vreo intervenție. După ce mi-am aranjat treburile acasă, m-am grăbit la biserică, să-i mulțumesc lui Dumnezeu pentru vindecarea înfăptuită. Când m-am apropiat de biserică, am văzut că cineva s-a ridicat de pe unul din mormintele acoperite cu zăpadă. Era Uliana. Ea a alergat către mine.

- Cum se simte soția?

- S-a întâmplat o adevărată minune, Uliana! Dumnezeu a vindecat-o. Te-ai rugat și tu?

- Ei, unde să mă asculte pe mine Dumnezeu, a spus ea și s-a grăbit să se îndepărteze, șoptind ceva neclar.

Sfântul Ioan Botezătorul

Deoarece în parohii nu ajungeau preoții, erau trimiși să slujească și preoții de la mănăstiri. Astfel, un tânăr ieromonah a fost numit în calitate de preot într-o parohie îndepărtată. Părăsind mănăstirea și nefiind pe deplin pregătit pentru aceasta, a fost nevoit să înfrunte o ispită grea. La un moment, a început să creadă că a greșit părăsind lumea și că probabil dacă avea o familie, ar fi fost mult mai fericit.

Într-o zi, a fost invitat să boteze copilul unui cuplu tânăr.

Când a intrat în casă, a văzut dragostea și înțelegerea dintre soți. Îi privea liniștit, însă în inima lui se trezise invidia față de dragostea și bucuria lor. S-a tulburat într-atât de mult, încât a considerat că nu va putea oficia Taina Botezului în această stare.

Invocând ca pretext că a uitat ceva din

cele necesare pentru săvârșirea Sfintei Taine, a plecat, promițând că va reveni în curând. Până la biserică era o cale de vreo trei kilometri. În sufletul său se dezlănțuise o adevărată furtună. Ieromonahul a început să plângă, înălțând rugăciuni Domnului pentru întărirea sa.

Când a parcurs cam jumătate de drum, a observat că în întâmpinarea sa vine un stareț, îmbrăcat foarte simplu. Când starețul s-a apropiat de el, s-a oprit și i-a spus:

- Cum de ai îndrăznești să refuzi să botezi copilul? Să nu crezi că nevrednicia ta și gândurile tale păcătoase pot să murdărească Taina Sfântului Botez. Întoarce-te imediat și botează copilul!

După spusele acestea, bătrânul a dispărut.

Ieromonahul a înțeles că s-a întâlnit cu însuși Sfântul Ioan Botezătorul.

Uimit, s-a întors imediat și a botezat copilul. În sufletul său nu mai rămăsese nici o urmă a gândurilor necurate și a încreștinat copilul.

Sfântul Mare Mucenic Pantelimon

În una din zile, am observat că atunci când îndoi mâna, simt o durere. Deasupra venei s-a format o inflamație. Spațiul afectat creștea rapid. Am mers la medic, mi-a uns mâna cu un unguent, a bandajat-o și mi-a spus să revin. A doua zi, mi-au scos bandajul și au repetat procedura, doar că tratamentul nu aducea nici un rezultat. După o săptămână, medicul mi-a spus că nu știe cu ce mă mai poate ajuta. Între timp, abia dacă mai puteam face ceva cu mâna afectată.

Am mers la capela închinată Sfântului Mare Mucenic Pantelimon, m-am apropiat de icoana Sfântului și am început să plâng. Un călugărul care era în biserică s-a apropiat de mine și m-a întrebat ce mi s-a întâmplat de plâng așa?

- Părinte, mă doare foarte tare mâna, iar medicii nu prea știu cu ce să mă ajute.

El m-a ajutat să mă ridic, a luat untdelemn de la Icoana Maicii Domnului "Grabnic Ajutătoare" și de la cea a Sfântului Pantelimon și m-a ajutat să-mi ung mâna. Apoi mi-a dat să iau cu mine și o sticluță cu untdelemn.

A doua zi dimineață, am scos bandajul și am rămas înlemnită. Inflamația dispăruse, iar locul afectat era doar puțin mai roz ca restul pielii. Nu mai simțeam nici o durere. Am început să plâng. Am îngenuncheat în fața icoanelor, aducând mulțumire lui Dumnezeu și Sfinților Săi.

Povestea Părintelui Gheorghe

Eram egumen al Mănăstirii Mțensk. Pentru rezolvarea unor probleme, a fost necesar să petrec câteva zile în orașul Kaluga.

În una din zilele petrecute în oraș, am întâlnit o femeie. Probabil se grăbea undeva, deoarece o întâlnisem în pragul casei, însă înfățișarea sa m-a făcut să mă opresc. Fața îi era foarte palidă, iar ochii înlăcrimați. Părea că durerea din sufletul ei, poate fi auzită fără cuvinte. Observând că sunt preot, mi s-a adresat:

- Părinte, soțul meu e pe moarte. Dacă e posibil, poate intrați la noi, ca să plece din această lume iertat și împăcat cu Dumnezeu. Vă rog mult să nu ne refuzați.

Deoarece în ziua aceea mai trebuia să trec pe la un bolnav, aveam cu mine și Sfintele Taine. Am intrat în camera unde era soțul ei. Într-adevăr, părea foarte slab. L-am mărturisit și l-am împărtășit, după care el mi-a mulțumit cu lacrimi și mi-a spus:

- Părinte, mai am o mare durere. Sunt negustor, însă deoarece am unele probleme și greutăți am fost nevoit să amanetez casa. Acum nu mai există nici o modalitate de a o răscumpăra și va fi vândută în câteva zile la licitație. Eu voi muri, iar familia mea va rămâne pe drumuri.

Mi s-a făcut milă de el.

- Nu vă frângeți inima, i-am spus. O să încerc, cu ajutorul lui Dumnezeu, să vă ajut.

Am ieșit de la ei și am trimis o telegramă unui alt cunoscut de-al meu, un fiu duhovnicesc care era și el negustor. Acela, aflând despre cele întâmplate, mi-a promis că va merge la licitație și va încerca cumva să remedieze situația.

În aceeaşi seară, a venit la hotelul meu și mi-a spus că a reușit să ridice substanțial prețul casei, ea fiind cumpărată în final de consiliul orășenesc. Suma rămasă după achitarea datoriei, era suficientă pentru cumpărarea unei locuințe puțin mai modeste, însă familia avea să aibă un loc de trai.

Am revenit la negustorul bolnav și i-am relatat toate. El mi-a mulțumit că i-am salvat familia și la scurt timp s-a stins din viață. Nu am rămas la înmormântarea lui, căci trebuia să revin la mănăstire. Apoi, treptat am uitat această întâmplare.

Au trecut mai mulți ani. Au urmat anii cumpliți ai revoluției bolșevice și a prigoanei împotriva Bisericii. Atât clerul, cât și credincioșii de rând erau arestați, deportați și uciși. A venit și rândul meu. Am fost arestat și întemnițat.

Într-o noapte, s-a apropiat de mine temnicerul și mi-a șoptit:

- Pregătiți-vă părinte, am primit o listă. Sunteți și dumnevoastră printre ei. Probabil e ultima dumnevoastră noapte.

Le-am transmis aceasta și colegilor de cameră. Cred că dați seama ce simțeam fiecare dintre noi. Desigur că majoritatea dintre noi conștientizam că vom fi condamnați la moarte, însă când înțelegi că mai ai de trăit câteva ore, lucrurile se percep altfel.

Nu aveam putere să rămân în celulă și cum gardianul îmi permitea uneori plimbări scurte pe coridor, l-am rugat să nu-mi refuze această ultimă dorință. M-am rugat în acea noapte probabil pentru prima dată cu așa o intensitate. Plângeam, mă rugam și încercam să primesc ceea ce trebuia să se întâmple.

Dintr-o dată, am văzut lângă mine un străin.

M-a privit cu compătimire și mi-a spus:

- Nu plânge, părinte, nu vei fi împuşcat.

- Cine ești? l-am întrebat mirat.

- M-ați uitat, părinte, eu însă nu pot să vă uit. Faptele bune nu se uită, ele rămân în veșnicie, mi-a răspuns bărbatul, îl mai țineți minte pe negustorul din Kaluga, pe care nu doar că l-ați mărturisit înainte de moarte, dar i-ați ajutat și familia?

Mi-a zâmbit încurajator și a dispărut, însă plecând, a format o gaură în peretele închisorii. Prin acest coridor am observat marginea pădurii, iar undeva deasupra ei, în aer, pe mama mea, care adormise în Domnul cu mulți ani în urmă.

Ea mi-a spus:

- Da, nu vă vor împușca, ne vom întâlni cu tine abia după zece ani.

Apoi toate au dispărut. M-am grăbit în celulă și le-am spus confraților mei:

- Fraților, să-I mulțumim lui Dumnezeu. Nu știu exact ce va fi, dar mâine nu vom muri.

Eram sigur că atât negustorul, cât și mama mea au vorbit nu doar despre mine.

Tristețea noastră s-a preschimbat în bucurie. Dimineața gardianul mi-a spus că a primit alt ordin. Trebuia să fim împărțiți și repartizați la diferite închisori.

După trei ani, am fost eliberat și ultimii ani de viață i-am petrecut la Mănăstirea Danilovskii. Șase dintre cei cu care am petrecut acea noapte cumplită, așteptând moartea, mi-au devenit fii duhovnicești.

O casă nouă prin mijlocirea Sfântului Spiridon

Am început să ne gândim la posibilitatea de a cumpăra o locuință cu vreo opt sau nouă ani în urmă, când am aflat pentru prima dată despre creditul ipotecar. Am sunat la call center și am aflat că pentru a cumpăra un apartament cu ipotecă este necesar să ai cel puțin 30% din valoarea locuinței, o sumă fabuloasă pentru noi.

Pe atunci, stăteam cu chirie într-o cameră dintr-un apartament din Sankt Petersburg. Proprietarii nu intenționau să vândă apartamentul și am locuit acolo puțin mai mult de nouă ani.

Aproximativ cu un an în urmă, proprietarii ne-au spus că în curând vor fi nevoiți să vândă apartamentul și ne-au propus să cumpărăm camera pe care o închiriam. Le-am răspuns că probabil glumesc, căci mijloacele noastre financiare nu ne permiteau nici pe departe acest lucru, dar au venit cu numeroase argumente pentru luarea un credit, care chiar dacă nu va fi uşor de restituit, ne va garanta că vom avea propria locuinţă.

Le-am promis că o să ne gândim la această opțiune. Problema însă nu era doar faptul că nu ne place să ne împrumutăm, dar și aceea că o cameră într-un apartament comun, fie și în centrul orașului, nu este chiar cea mai bună opțiune. De asemenea, gândurile despre faptul că pur și simplu era imposibil să găsim banii necesari nu prea ne permiteau să ne facem mari planuri pentru viitor.

Mi-am zis că este imposibil să reușim. Totuși, situația creată avea și unele avantaje: am înțeles că mai devreme sau mai târziu va fi nevoie să ne gândim cum și unde vom locui în continuare.

În una din zile, când am mers la biserică, m-am rugat cu îndrăzneală către Mântuitorul Iisus Hristos:

- Nu știm dacă avem nevoie de această cameră, dar avem deplină încredere în Tine. Dacă cu adevărat avem nevoie de ea, ajută-ne s-o cumpărăm, dacă nu, ajută-ne, Te rog, să găsim o altă locuință. Vrem să trăim după voia Ta, în care avem mai multă încredere decât în propriile noastre planuri.

Între timp, cu ajutorul și mijlocirea Sfântului Spiridon, am reușit să-mi găsesc un loc de muncă mult mai bine plătit și i-am promis proprietarei că în curând voi depune și o cerere pentru credit. Totuși, mereu intervenea ceva și nu reușeam nicidecum să duc la bun sfârșit această inițiativă.

Am hotărât că voi depune documentele pentru împrumut doar după ce voi lua binecuvântare de la părintele meu duhovnic, dar, de fiecare dată când treceam pe la biserică, Părintele Veaceslav nu era.

Totodată, am început să analizăm și alte anunțuri privind vânzarea de locuințe, inclusiv pe cele care erau situate în suburbie. Acestea din urmă ne păreau mult mai atractive și ca preț și ca posibilitate de a trăi în afara orașului.

Am hotărât să scriu un bilețel cu o rugăminte către Sfântul Spiridon și să-l las la icoana acestuia din biserică. Din câte îmi amintesc, am scris următoarele:

"Dragă Părinte Spiridon. Din nou mă adresez ție cu o rugăminte. Nu știu ce este mai bine: să cumpărăm camera pe care o închiriem acum sau să ne luăm un apartament mai ieftin în afara orașului. Avem nevoie să fim proprietarii unui apartament? Poate ar trebui să continuăm să locuim cu chirie.

De fapt, nu știu ce anume să fac, dar să trăiesc asemenea pasărilor, fără a avea grija zilei de mâine, pur și simplu nu sunt în stare. Te rog, ajută-mă să rezolvăm cumva această problemă..."

În fiecare zi, am continuat să mă rog Sfântului Spiridon să ne ajute să luăm o decizie bună.

Într-o zi, am reușit totuși să vorbesc cu Părintele Veaceslav. După ce m-am mărturisit, i-am relatat pe scurt planurile noastre.

Părintele s-a gândit puțin, apoi m-a binecuvântat cu cuvintele:

- Doar cel care încearcă să facă ceva, va reuși. Depune cererea pentru împrumut!

Abia atunci am început o pregătire serioasă a documentelor și după câteva zile am dus toate actele la bancă.

Această perioadă a coincis și cu începutul concediului meu. Astfel, aveam mai mult timp să analizez anunțurile despre vânzarea apartamentelor. Deja eram aproape convinsă că dacă vom cumpăra ceva, va fi neapărat o locuință separată.

Astfel, am găsit un apartament care se vindea la un preț destul de avantajos pentru noi, în suburbia orașului.

Am sunat proprietara care mi-a spus că vinde

apartamentul repede, deoarece are nevoie de bani. Am reușit să merg să văd apartamentul și, deși nu era într-o stare ideală, totuși era un apartament cu două camere, la prețul camerei pe care o închiriasem.

Nici nu puteam să-mi imaginez că ar putea deveni al nostru și de aceea nici nu prea îmi făceam speranțe false.

În continuare, lucrurile s-au rezolvat foarte repede. Două zile mai târziu, am fost sunată de la bancă și mi s-a spus că cererea pentru împrumut este aprobată. Suma creditului totuși era puțin mai mică decât cea de care era nevoie pentru a cumpăra apartamentul cu două camere din suburbie.

Mă gândeam cum să procedez în continuare, când m-a sunat proprietara și mi-a spus că mai poate reduce prețul de vânzare, dacă sunt de acord să-l cumpăr în perioada următoare.

După câteva zile, apartamentul a fost aprobat și de către bancă. Am venit la banca, am semnat contractul și am devenit proprietarii acestui apartament.

Momentan, lucrurile noastre sunt încă în cutii și nu avem foarte multe din cele necesare, dar suntem acum la noi acasă!

Dacă mi-ar fi spus cineva vreodată că voi fi în

stare să-mi cumpăr un apartament în Sankt Petersburg, nu l-aș fi crezut, dar cu ajutorul lui Dumnezeu toate lucrurile sunt posibile.

Sfinte Spiridon, dragul meu Părinte, roagă-te pentru noi și îți mulțumesc pentru toate!

Elena Beleaeva

Sfântul Spiridon mi-a vindecat gastrita

În luna mai a anului 2014, în orașul nostru Minsk au fost aduce părticele din Sfintele Moaște ale Sfântului Spiridon. Atunci nu cunoșteam mai nimic despre acest mare Sfânt al Bisericii noastre. Totuși, am hotărât să mergem la Catedrala "Pogorârea Duhului Sfânt" pentru a ne închina Sfintelor Moaște.

Înainte de a merge la biserică, am hotărât să aflu mai multe despre Sfântul Spiridon. Astfel, am accesat mai multe pagini de internet unde am aflat despre viața Sfântului, minunile înfăptuite de el și ajutorul pe care-l acordă celor care i se roagă cu credință. Îndeosebi m-a impresionat relatarea despre pantofii Sfântului Spiridon: în fiecare an, slujitorii bisericii unde sunt păstrate Sfintele Moaște ale Sfântului îi schimbă pantofii tociți. Acest lucru înseamnă că, chiar și după moartea sa, Sfântul

Spiridon călătorește prin lume pentru a-i ajuta pe cei nevoiași și bolnavi.

La pangarul bisericii am cumpărat untdelemn sfințit la Sfintele Moaște ale Sfântului Spiridon, iar după ce ne-am închinat Sfintelor Moaște, am primit în dar o mică iconiță a acestui minunat Sfânt.

Ajungând acasă, am pus aceste daruri prețioase lângă alte icoane și cărți religioase și pentru o perioadă am uitat de ele.

În luna noiembrie, cu puțin timp înainte de începerea Postului Crăciunului, mi s-au agravat problemele vechi cu stomacul. Durerile erau într-atât de puternice, încât seara nu puteam să adorm. Atunci când durerea a devenit insuportabilă, mi-am amintit de untdelemnul sfințit pe care l-am cumpărat și m-am uns cu el. De îndată ce am făcut-o, durerea a dispărut instantaneu. S-a întâmplat într-atât de rapid, de parcă nici nu m-ar fi durut ceva. Câteva zile mai târziu, durerea a revenit și din nou m-a ajutat untdelemnul Sfântului Spiridon.

Ca să fiu sinceră, nu sunt un om care are prea multă grijă de sănătatea sa. Nu-mi place să respect o dietă strictă și nici medicamente nu prea iau, iar prin urmare a fost destul de firesc ca durerile puternice să revină și a treia oară, însă m-a uimit răbdarea Sfântului. Și de această dată a venit în ajutorul meu. De îndată ce m-am uns cu untdelemn, durerea m-a părăsit imediat și am fost în stare să adorm fără probleme.

În timpul durerilor suferite, atunci când m-am simțit foarte rău, m-am rugat Sfântului Spiridon doar cu cuvintele mele, iar pentru a-i mulțumi pentru ajutorul primit, i-am citit troparul care este scris pe iconița pe care am primit-o în dar la biserică.

Sfântul Spiridon este un Sfânt deosebit, plin de compasiune.

Sfinte Ierarhe Spiridoane, roagă-te lui Dumnezeu pentru noi!

Natalia Vavilova

Salvare de la o datorie imensă

În primii ani ai vieții mele în Israel, din cauza necunoașterii legislației, dar și mai mult din cauza nesăbuinței mele, am făcut mai multe greșeli mari, care ne-au schimbat viața.

Una dintre aceste greșeli a reprezentat-o achiziționarea unui apartament printr-un birou de brokeraj ai cărui angajați aveau o reputație îndoielnică. Ei și-au dat seama că au de-a face cu o femeie singură, care a sosit recent în Israel și m-au înșelat la maxim prin tranzacția încheiată, dar am realizat acest lucru prea târziu. Astfel, plata lunară pe care trebuia să o achit creștea în fiecare an, iar în al treilea an a atins nivelul salariului meu lunar.

Aveam trei fii. Cei mai mari m-au ajutat în primul an, dar în curând fiul mijlociul a plecat în armată, iar fiul cel mai mare și-a pierdut viața într-un accident. Am rămas doar cu mezinul.

Am decis că unica soluție este să cedez apartamentul băncii spre vânzare, deoarece după moartea fiului cel mare și alte probleme grave pe care le-am întâmpinat, nu am putut face acest lucru singură.

Banca a vândut apartamentul la jumătate din valoarea sa, iar restul 70.000 de dolari trebuia să-i achit în continuare. Deoarece nu puteam să achit această datorie imensă, trăiam cu un sentiment de frică care nu mă părăsea nici ziua, nici noaptea. În conformitate cu legislația din Israel, pentru imposibilitatea de a plăti această datorie, puteam nu doar să fiu sancționată financiar, dar și să fac câțiva ani de închisoare.

. Dumnezeu mi-a îndreptat pașii către Sfânta Biserică prin moartea fiului meu. Cu toate că am fost botezată în copilărie, nu mergeam la biserică, iar la slujba de înmormântare a fiului, parcă am simțit că doar în Biserică voi găsi alinare pentru durerea și suferința mea. De atunci am început să vin la slujbele Bisericii, să mă mărturisesc și să mă împărtășesc.

Oamenii din parohia care a început să facă parte din viața mea erau foarte prietenoși. Toată lumea știa despre problema mea și fiecare încerca să mă consoleze într-un fel sau altul. Cineva îmi spunea o vorbă de încurajare, altcineva îmi punea în buzunar discret o sumă de bani pentru cheltuielile curente, iar una din enoriașe, Iulia, m-a îndemnat să-i cer ajutorul Sfântului Spiridon al Trinitundei.

Ea mi-a spus:

- Citește Acatistul Sfântului Spiridon, el te va ajuta neapărat. Am o prietenă în Ucraina, care a trecut printr-o situație similară și Sfântul a ajutat-o să scape de datorii.

În acel moment nu știam mai nimic despre Sfântul Spiridon. Nu puteam nici să pronunț corect "al Trinitundei", dar am găsit la pangarul bisericii Acatistul său și imediat l-am cumpărat!

Am început să citesc Acatistul în fiecare zi. Mă rugam și eram convinsă că Sfântul Spiridon mă va ajuta neapărat. M-au impresionat mai ales cuvintele:

"O, preamilostive și mult-îndurate Doamne, nu trece cu vederea lacrimile robilor Tăi, ci le ajută și-i miluiește cu iubirea Ta de oameni, izbăvindu-i de toate asupririle și de tot necazul care i-a cuprins, din pricina mulțimii păcatelor, și, precum pe soacra lui Petru ai ridicat-o din patul durerilor, așa ridică și pe robii Tăi din primejdia în care se află, pentru rugăciunile Sfântului Ierarh Spiridon, cu care împreună Îți cântăm: Aliluia!"

Nu țin minte exact cum și când m-am hotărât să merg la Sfintele Sale Moaște. Nu sunt sigură că aș putea spune cu exactitate cum am adunat suma de bani necesară pentru călătoria în Grecia. Niște buni prieteni, frați întru Hristos, m-au recomandat unei familii vorbitoare de limbă rusă din Atena și i-au rugat să mă ajute cu ce vor putea. Familia Temirdzhioklis m-a primit cu multă dragoste și căldură, de parcă eram membru al familiei lor, m-au ajutat cu ce au putut, apoi m-au condus la autobuzul care pleca spre Corfu.

Am ajuns pe insula Corfu seara târziu și am petrecut noaptea într-un hotel, iar dimineața am plecat să caut biserica Sfîntului Spiridon. Nu vă pot descrie starea în care mă aflam când am găsit-o. Mi se părea că nu se întâmplă în realitate, că toate acestea reprezintă un vis. Nu-mi venea să cred că sunt în biserica unde sunt păstrate Sfintele Moaște ale Sfântului Spiridon! Inima îmi bătea foarte tare, respiram cu greu, am început să plâng, dar erau lacrimi de bucurie și fericire.

În biserică erau foarte mulți pelerini. Am reușit să mă alătur unui grup de pelerini din Rusia, printre care erau și mai mulți preoți. Împreună cu ei ne-am rugat, săvârșind Acatistul Sfântului Spiridon, iar în cele din urmă a fost deschisă racla cu Sfintele Moaște! Am stat la coadă de câteva ori, pentru ca să mă apropii din nou și din nou de Sfintele Moaște. Toată ziua am petrecut-o în biserică. M-am rugat cu lacrimi ca Sfântul să mă ajute și să mijlocească pentru problema mea. Am văzut cum o femeie posedată a încercat să se apropie de raclă, dar o forță nevăzută nu-i permitea să înainteze și doar probabil a zecea oară a reușit să se închine Sfintelor Moaște ale Sfântului Spiridon.

Seara, lucrătorii bisericii m-au rugat să părăsesc lăcașul, căci eu cu drag aș mai fi rămas lângă Sfântul meu ocrotitor. Când biserica s-a închis, am decis că este timpul să mă întorc la Atena.

Cu ajutorul lui Dumnezeu și cu ajutorul prietenilor, am reușit să vizitez mai multe locuri sfinte din Grecia, după care am revenit fericită la Tel Aviv. Am continuat să trăiesc viața mea obișnuită, continuând cu credință și speranță să citesc Acatistul Sfântului Spiridon al Trinitundei.

A trecut aproximativ un an din ziua în care am început să mă rog Sfântului Spiridon. Într-una din zile, am primit o înștiințare că trebuie să mă prezint la bancă. Prin mila și ajutorul lui Dumnezeu, angajatul băncii s-a dovedit a fi un om foarte bun și înțelegător. După ce a ascultat toată istoria mea cu datoria nerambursată, el m-a sfătuit să scriu o cerere către bancă, să descriu sincer tot ce mi s-a întâmplat, să anexez toate certificatele care ar putea adeveri povestea mea și să cer Comisiei să reanalizeze dosarul. Am făcut întocmai cum m-a sfătuit acest om bun.

După două luni, am primit din nou un telefon de la bancă. Același angajat mi-a spus cu bucurie în glas că comisia a examinat cererea mea și a decis să reanalizeze dosarul, iertându-mi aproape toată datoria și lăsând spre plată doar 5000 de dolari pe care în anul următor, cu ajutorul lui Dumnezeu și al Sfântului Spiridon, i-am și achitat.

S-ar părea că ar fi trebuit să sar în sus de bucurie în momentul când am primit această veste minunată, dar eu am început să plâng și atunci l-am simțit atât de aproape pe Dumnezeu de mine, o mare păcătoasă, am simțit parcă o atingere care mi-a străpuns tot sufletul. Am simțit o iubire și o milă infinită!

Drept recunoștință față de Sfântul Spiridon, am mers din nou pe insula Corfu, la Mănăstirea Sfintei Parascheva, la Maica Fotinia și am lucrat în mănăstire o perioadă de timp spre slava lui Dumnezeu, iar când cel mai mic fiul al meu a terminat serviciul militar, am hotărât să mă retrag din lume și m-am stabilit într-o mănăstire bulgărească, precum I-am și promis anterior Bunului Dumnezeu și

Sfântului Spiridon.

Îi mulțumesc Domnului pentru toate necazurile și încercările pe care mi le-a trimis, pentru că doar datorită acestora am ieșit pe calea mântuirii. Le mulțumesc și îi iert pe toți vrăjmașii mei, prin care Dumnezeu mi-a descoperit păcatele mele și m-a pedepsit cu o dragoste de Tată. Le mulțumesc tuturor celor care mi-au întins o mână de ajutor, și le mulțumesc tuturor preoților prin care Domnul m-a întărit și m-a sprijinit în momentele dificile. Îi mulțumesc mijlocitorului și ocrotitorului meu, Sfântului Spiridon!

Bucură-te, Sfinte Ierarhe Spiridon, Mare Făcător de Minuni!

Elena Lisițina

Vindecarea unei sportive de performanță

Sunt mama a trei copii minunaţi, iar fiica cea mai mare joacă de mai mulţi ani baschet profesionist. De fiecare dată când participă la competiţii mai importante, împreună cu toată echipa trece un examen medical la clinica sportivă.

Ultima dată când a fost la comisia medicală, rezultatele ecocardiografiei au fost foarte proaste şi medicii i-au spus că nu mai poate să participe la concurs și că ar trebui văzut dacă nu ar fi bine să obţină încadrarea într-o grupă de invaliditate, în nici un caz nu mai putea face sport profesionist.

Cred că vă închipuiţi starea noastră. Nu ştiam ce să fac şi cum să-mi ajut fiica. Am început să caut pe internet diverse articole şi informaţii despre boala cu care a fost diagnosticată, dar şi despre cei mai buni specialiști în domeniu, dar din întâmplare, stând pe internet, am aflat despre minunile înfăptuite de Sfântul Spiridon!

Următoarele două săptămâni am citit Acatistul Sfântului şi l-am rugat să ne ajute. Chiar dacă nu aveam o credinţă puternică că totul va fi bine, Sfântul ne-a auzit şi ne-a ajutat! La următoarea ecocardiografie medicii nu au depistat nici o anomalie. Erau uimiţi că este posibil aşa ceva, dar eu eram convinsă că s-a întâmplar o adevărată minune.

Dumnezeu, prin mijlocirea Sfântului Spiridon, ne-a auzit şi ne-a ajutat.

În viaţa noastră au loc adevărate minuni, trebuie doar să credem!

Dumnezeu să ne păzească pe toţi.

Olga Jucovici

Ajutor pentru continuarea studiilor

Despre Sfântul Spiridon am aflat în toamna anului trecut de la o prietenă care, aflând despre diverse probleme cu care mă confruntam, mi-a recomandat să mă rog Sfântului Spiridon.

În aceeaşi zi, am găsit rugăciunile către Sfântul Spiridon şi am început să le citesc zilnic. De asemenea am fost şi la un paraclis închinat Sfântului, unde m-am rugat ca Sfântul să mă audă şi să mă ajute.

În acel moment, mă confruntam cu mai multe probleme, inclusiv financiare şi de sănătate, dar cred că cel mai mult îmi doream să fie posibil să urmez nişte studii, pentru ca în viitor să activez în acel domeniu. Deoarece abia reuşeam să-mi asigur cât de cât existenţa, nu prea era posibil să pot achita şi continuarea studiilor.

Aş vrea să menţionez că nu am citit Acatistul Sfântului, ci doar câteva rugăciuni pe care le-am găsit, dar imediat am simţit că rugăminţile mele nu au rămas fără răspuns.

După câteva zile, am primit un telefon de la un cunoscut şi mi-a propus un loc de muncă cu un salariu mult mai bun decât cel pe care-l aveam. Am fost nevoită să refuz propunerea din motive de sănătate, dar am rămas surprinsă de oferta primită.

În continuare, s-au întâmplat şi alte lucruri minunate. Am început să primesc propuneri de muncă de la domiciliu, reuşind astfel să adun mijloacele necesare pentru studii și în curând am putut să merg la cursuri.

Iniţial, mi-a fost destul de greu, căci imediat după serviciu trebuia să mă deplasez în altă parte a oraşului, schimbând două transporturi, apoi, obosită şi epuizată să mă reîntorc acasă ca să mă pregătesc şi pentru ziua următoare, dar neţinând cont de toate greutăţile, de oboseală şi multe alte probleme, eram nespus de fericită, căci făceam ceea ce am visat atât de mult.

Ca unui om care vrea mai mult să i se ofere și căruia nu prea îi place să se şi nevoiască, în curând am abandonat rugăciunea, căci credeam că toate problemele mele se vor rezolva ca prin minune, iar atunci când acest lucru nu s-a întâmplat, m-am descurajat şi m-am lăsat şi de rugăciune.

După ce au trecut cinci luni, mi-am adus aminte din nou de ajutorul minunat al Sfântului Spiridon şi am decis că de data aceasta nu voi mai fi la fel de leneşă şi că voi şti să păstrez darul primit, inclusiv cel al rugăciunii.

În prezent, în fiecare zi citesc Acatistul și rugăciunile Sfântului Spiridon. Desigur că şi acum uneori dau dovadă de lipsă de credință şi mai există momente de descurajare, dar încă mai continui să mă rog și cred şi sper că situația se va schimba câte puțin spre bine. Aş vrea să menţionez că, datorită Sfântului Spiridon, în viaţa mea au apărut mulţi oameni buni, care, într-un fel sau altul, m-au sprijinit şi m-au ajutat.

Îi mulţumesc Sfântului Spiridon pentru că există în viaţa mea.

Slavă lui Dumnezeu pentru toate!

Daria

Taina Sfântului Botez

Taina Sfântului Botez este o taină foarte mare! De câte ori m-am convins de acest lucru! Am văzut recuperarea duhovnicească și fizică a copiilor după primirea Tainei Sfântului Botez.

Nepoata mea Alexandra avea doar patru luni când a fost internată de urgență la spital. Nu reușisem s-o botezăm până atunci, am tot amânat sub diferite pretexte. Am petrecut cam o lună la spital, după care am decis să merg cu ea în orașul Tver, la niște rude. Acolo erau niște medici cunoscuți, care speram că ne vor ajuta să o tratăm în continuare pe Sașa. Printre cei cu care ne-am întâlnit era sora mea și soțul ei, care era preot. El a privit către Alexandra și ne-a spus că trebuie s-o botezăm cât mai repede.

Am vrut să-i spun că poate amânăm pentru mai târziu. Fetița era prea slăbită din cauza bolii, însă părintele era foarte categoric.

A doua zi, ne-am adunat pentru săvârșirea Tainei Sfântului Botez.

Trecuseră doar câteva zile și la următoarea vizită a medicului, el ne-a spus:

- Cât de mult s-a schimbat fetița, parcă este alt copil. Rumenă, cu ochișorii senini și veseli!

Și într-adevăr, fetița s-a schimbat foarte mult.

Când ne-a vizitat fiica mea mai mică, mătușa Alexandrei, ea i-a oferit fetiței o mică iconiță cu chipul Mântuitorului. Copila de doar șase luni, care abia învăța să țină ceva în mâni, a întins mânuțele și a luat icoana, iar fața ei s-a luminat de un zâmbet, pe care mi-ar fi foarte greu să-l descriu. Sufletul curat al copilului și-a recunoscut Creatorul.

Am locuit în orașul Tver trei luni. În acest timp, a primit Taina Sfântului Botez și fiica mea mai mare, mama Alexandrei. Încercasem de mai multe ori să o conving să se boteze, dar refuzul ei era foarte categoric.

După botez, ea și-a schimbat atitudinea față de fetiță. Până atunci, de nenumărate ori îmi spuse că vrea s-o abandoneze pe Alexandra la orfelinat.

Acum Alexandra are o mamă iubitoare, iar noi ne bucurăm că le avem alături de noi.

Bătrânul Iraklie

Bătrânul Iraklie ședea pe un scaun împletit lângă pragul casei sale. Obişnuia să stea seara în curtea casei și să contempleze lumea înconjurătoare. Își aducea aminte despre toate câte i se întâmplaseră în viață, despre cele bune și despre cele rele, parcă încercând să retrăiască din nou aceste momente.

Rafalele slabe ale vântului cald aduceau mirosul ierbii de toamnă, al ultimelor flori. Ele îi mângâiau fața și părul cărunt. Bătrânul își îndreptă privirea către cer.

- Da, viața a trecut! A fost o viață bogată în evenimente, prin multe a trebuit să trec.

Bătrânul Iraklie încerca să evalueze faptele sale, să se pocăiască de ce a fost rău. Totodată, îi părea rău că avut posibilitatea să facă mai mult bine, dar nu s-a folosit mereu de acest prilej. Și îi mulțumea lui Dumnezeu pentru tot. Da, curând, foarte curând va trebui să stea în fața Creatorului Său...

În ultima perioadă, se gândea tot mai mult la faptul că nu a făcut tot ce a putut în viața sa, că poate mai este timp pentru a face ceva plăcut lui Dumnezeu, se chinuia de la faptul că probabil ceva i-a scăpat și e prea mic bagajul vieții sale. Și acum, privind către cerul înstelat, medita în sinea sa:

- Am avut o viață frumoasă. Am avut putere, sănătate, mi s-au oferit într-adevăr foarte multe. Am avut discernământul să aleg binele și să evit răul. Am încercat să trăiesc conform poruncilor Tale. Am avut în preajmă prieteni adevărați. Am crescut un băiat bun. A fost cel mai minunat dar al Tău către mine. Mi-ai oferit un moștenitor, când eram convins că după moartea mea, casa va rămâne pustie. În curând, mă voi întâlni cu Tine. Dar am senzația că nu am făcut ceva important în viața mea. Nu știu ce e, dar simt că nu e suficient ce am făcut. Spune-mi, ce ar trebui să mai fac. Aș vrea să părăsesc această lume, știind că am încercat să nu-mi irosesc viața în zadar.

Gândurile bătrânului au fost întrerupte de zgomotul din drum. Cineva gonea cu o viteză mare. Apoi lângă poarta lui a apărut un călăreț.

- Părinte, ascunde-mă. Sunt urmărit, dacă nu

găsesc un adăpost, mă vor ucide, i-a spus tânărul de lângă gard.

Bătrânul l-a ascuns pe oaspetele neașteptat și calul său în șopronul din spatele casei. Numai ce reușise să închidă ușa de la șopron, când a auzit că cineva îl strigă. De data aceasta, în spatele gardului erau câțiva călăreți, care vorbeau emoționat. Unul dintre ei i se adresă bătrânului:

- Părinte, nu ai văzut pe nimeni? Urmărim o persoană. E un ticălos.

- Nu, a răspuns bătrânul.

Călăreții au plecat și în jur din nou s-a făcut liniște. Se întunecase de-a binelea, însă bătrânul nu se grăbea să intre în casă. Îi erau foarte dragi aceste momente, când tăcerea învăluia totul și putea fi auzită suflarea lui Dumnezeu, însă în această seară, nu avea să se bucure de tăcere...

S-a auzit scârţâitul roţilor, paşii mai multor oameni, apoi a auzit vocile unor oameni. Nu înţelesese despre ce vorbeau. Totuși el înțelese că s-a întâmplat ceva. Neliniștea îl făcu să se ridice de pe scaun și să se îndrepte către poartă. Încercă să deslușească ceva privind către drum, însă era prea întuneric. O durere chinuitoare puse stăpânire pe sufletul său. Ce se întâmplă?

Știa că vecinii lui trebuie să se întoarcă de la

sărbătoare și fiul lui era cu ei. Probabil ei sunt, discută ceva. Procesiunea s-a oprit în dreptul porții sale.

În fața era Nugzar. Era prietenul său din copilărie, împreună alergau la scăldat, împreună au mers la școală și împreună s-au maturizat. Acum Nugzar era la fel de cărunt ca și Iraklie și acum era mesagerul durerii pentru prietenul său din copilărie. Cu mulți ani în urmă au luptat în același regiment și apoi s-au întors împreună în sat. Au fost martori la multe lucruri îngrozitoare. Războiul mereu aduce suferințe, însă acum era ceva mult mai înspăimântător. Strângând cu putere mâna prietenului său, Nugzar, a spus cu durere:

- Iraklie, Tomaz a fost ucis.

Nu, bătrânul Iraklii nu a început să plângă. Nu a strigat, nu a gemut. S-a îndreptat încet către trăsura din drum și a privit către fața liniștită a fiului său. El l-a crescut singur. Soția sa a murit când băiatul avea doi ani. Iraklie însuși nu mai era tânăr. Nu avea rude. El și cu fiul erau foarte apropiați unul de celălalt. Iar acum...

- Doamne! Dumnezeule! a şoptit bătrânul și a căzut îmbrăţişând trupul neînsuflețit al fiului său.

Trei zile au trecut ca în vis: înmormântarea, plecarea rudelor. Sătenii i-ai povestit că fiind la sărbătoarea din satul vecin, Tomaz a început să facă glume pe seama calului unui tânăr dintr-un sat îndepărtat. Tânărul era orfan de câțiva ani, iar acest cal era unica sa amintire de la tatăl său. Tânărul a plecat, apoi s-a întors cu o armă și l-a împușcat pe Tomaz. Au încercat să-l urmărească pe ucigaș, dar nu l-au găsit.

Totul s-a terminat și bătrânul a rămas singur în casă. Și din nou, seara, a ieșit afară, s-a așezat și a început să privească în jur. Însă acum nu mai era totul la fel. Din cauza lacrimilor, el abia mai deslușea cele din jur. Și dintr-odată și-a adus aminte de cele întâmplate recent. Și-a adus aminte că adăpostise un tânăr în șopron. Și-a adus aminte și imediat a înțeles pe cine a ascuns în aceste zile. Iraklie intră încet în casă și privi îndelung către arma veche care atârna pe perete. Era amintirea de la tatăl și bunicul său. Apoi a ieșit din casă și s-a îndreptat către șopron.

Când Iraklie a deschis șopronul, a văzut ochii mari și înspăimântați ai copilului. Băiatul privea cu groază și cu spaimă către bătrân. Timp de trei zile, rămând în șopron, el a auzit discuțiile și plânsetele celor care s-au adunat. A înțeles în a cui casă a cerut adăpost și acum aștepta cu groază ce va urma. Bătrânul tăcu un timp, apoi îi spuse liniștit:

- Ieși afară.

Și a plecat.

Băiatul a ieșit afară și s-a îndreptat către bătrân:.

- Iartă-mă, părinte. Sunt vinovat. O să merg chiar azi la poliție și voi mărturisi totul, i se adresă el lui Iraklie.

Fără a privi către băiat, bătrânul l-a condus în casă și l-a pus să mănânce și să bea vin, pomenindu-l pe Tomaz. Apoi, din nou fără a-l privi, l-a întrebat cine este, unde și cu cine locuiește.

S-a dovedit că băiatul avea 16 ani. Cu câțiva ani în urmă, tatăl său a murit în munți în urma unui accident, mama îi murise mai demult. Nu i-au rămas alte rude, doar o surioară de cinci ani, de care are grijă acum el. Lucrează la ferma din sat. Calul era o amintire de la tatăl său, pe care băiatul îl adoră, iar când Tomaz a început să facă glume urâte pe seama calului, el nu a rezistat... Desigur, înțelesese că a procedat greșit și acum îi pare foarte rău, dar tot ce mai poate face e să-și ceară încă o dată iertare și să meargă să se predea la poliție. Bătrânul rămase tăcut mult timp.

În cele din urmă, foarte încet, de parcă fiecare cuvânt i se părea foarte greu a spus:

- Acuşi se va întuneca și tu vei merge acasă. Fă tot posibilul să nu te vadă nimeni. O aduci pe sora ta la mine, chiar în seara asta, iar tu te vei ascunde pentru o vreme, până când oamenii vor uita totul.

Bătrânul se opri, apoi continuă:

- Îți voi arăta unde să te ascunzi.

Bătrânul tăcea, iar băiatului îi era frică să se miște. Stătea cu capul plecat și privea în pământ.

- Doamne, ajută-mă, a șoptit Iraklie, ridicând ochii către cerul înstelat.

Apoi, pentru prima dată a privit către băiatul din fața lui.

- Când totul se va liniști, tu vei veni la noi, m-ai auzit, fiule...?

- Deci acela era bătrânul Iraklie? Iar fetița era sora acelui băiat? l-am întrebat noi surprinși pe ghidul nostru. De ce nu ne-ai spus mai devreme?

- Bătrânului nu-i place când este lăudat și întrebat, ne-a răspuns ghidul nostru.

- Dar unde este băiatul?

- El învață în oraș, la colegiu, dar vine foarte des să-și viziteze sora și pe Iraklie.

Însoțitorii mei au continuat să se mire, admirând fapta bătrânului, iar eu mi-am amintit de ochii albaștri și plini de dragoste ai bătrânului, de zâmbetul fericit al fetiței care nu se îndepărta de lângă el și m-am gândit: câtă liniște și pace domnește în această familie, cât de minunat i-a unit dragostea.

Acum mă gândeam la altceva. Cât de des suntem chinuiți spre sfârșitul vieții de gândul că nu am făcut tot ce am putut. Parcă tabloul vieții noastre nu este terminat, parcă nu am folosit toate culorile și e nevoie neapărat să mai adăugăm ceva. Înțelegem că mai trebuie făcut ceva, dar nu și ce anume. Bătrânul Iraklie s-a dovedit a fi mult mai înțelept. El a cerut sfatul Pictorului adevărat al vieților noastre.

Dumnezeu își continuă lucrarea în viața fiecăruia dintre noi. Trebuie doar să-i dăm voie să lucreze, iar noi să ne lăsam modelați și duși pe calea vieții spre veșnicie.

Sfântul Isaac Sirul despre minuni și semne

Domnul ne este în toată vremea Ocrotitor, însă, dacă nu este nevoie, nu arată puterea Sa prin vreun lucru şi semn simţit, ca ocrotirea Lui să nu fie pentru noi un lucru obişnuit, să nu ne pierdem cuvenita evlavie către Dânsul şi să nu slujească drept pricină de vătămare.

Aşa face El, purtând de grijă de Sfinţi: îi lasă ca în orice împrejurare trudnică să arate nevoinţă după puterea lor şi să se ostenească la rugăciune. Totodată, le arată că nici o clipă nu încetează tainica Lui purtare de grijă pentru ei. Dacă strâmtorarea întrece măsura înţelegerii lor, dacă slăbesc şi nu sunt în stare să lucreze din pricina fireştii lor neputinţe, Însuşi săvârşeşte cele de trebuinţă pentru a-i ajuta, potrivit măririi stăpânirii Sale, precum se cade şi precum ştie.

El îi întăreşte pe cât se poate în chip tainic, punând în ei puterea de a-şi birui necazurile. El descurcă necazul cel încurcat. Îl descurcă prin înţelegerea pe care o dăruieşte de la Sine şi prin priceperea purtării Lui de grijă îi îndeamnă la slăvirea Lui, care e de folos în toate împrejurările. Atunci când împrejurările cer ajutor vădit, El face, după nevoie, şi aceasta.

Mijloacele şi chipurile în care ajută El sunt cele mai înţelepte. Ele ajută în sărăcie, în nevoie, şi nu lucrează fără noimă. Cel ce cutează să Îl roage pe Dumnezeu pentru săvârşirea vreunui lucru neobişnuit fără a fi silit de nevoie, cel ce doreşte ca prin mâinile lui să se săvârşească minuni şi semne este ispitit în mintea sa de diavol, care îşi bate joc de el, se arată stăpânit de slava deşartă şi neputincios cu conştiinţa.

Se cuvine a cere ajutorul lui Dumnezeu la necaz. A-L ispiti pe Dumnezeu fără nevoie este un lucru aducător de nenorocire. Cu adevărat, nedrept e cel care doreşte lucrul acesta.

Aflăm în Vieţile Sfinţilor pilde ale faptului că Domnul a împlinit asemenea dorinţe, dar arătându-şi nebinevoirea. Cel ce voieşte şi doreşte lucrul acesta în chip samavolnic, fără să fi fost silit de nevoie, cade din starea păzirii de sine şi se abate de la înţelegerea adevărului. Dacă cel care cere aşa ceva este ascultat, vicleanul află în el loc, fiindcă un asemenea om umblă înaintea lui Dumnezeu fără evlavie, cu obrăznicie şi este aruncat în mai mari căderi.

Adevăraţii drepţi nu doar că nu doresc să fie făcători de minuni, ci şi atunci când li se dă darul facerii de minuni se leapădă de el.

Unul dintre Sfinţii Părinţi, din pricina curăţiei sale, a primit de la harul lui Dumnezeu darul de a înainte-vedea pe cei care veneau la dânsul, el însă L-a rugat pe Dumnezeu şi a cerut prietenilor săi să se roage pentru ca acest dar să fie luat de la el.

Dacă unii dintre Sfinţi au primit harisme, le-au primit pentru că era nevoie sau pentru simplitatea lor; alţii le-au primit pentru că aşa a socotit de cuviinţă Duhul lui Dumnezeu, care sălăşluia în ei, iar nicidecum la întâmplare, fără temei.

Adevăraţii drepţi gândesc neîncetat că sunt nevrednici de Dumnezeu. Faptul că se socotesc ticăloşi, nevrednici de purtarea de grijă dumnezeiască, mărturiseşte adevărul lor

Sfântul Ignatie Briancianinov despre miracole și minuni

Să ne întoarcem acum la cercetarea minunilor săvârşite de către Domnul nostru Iisus Hristos. Ele sunt dar al lui Dumnezeu pentru omenire. Darul nu a fost dat după datorie: a fost dat numai din bunăvoinţă şi din milostivire. Oamenii sunt datori să se poarte faţă de dar şi faţă de Dătătorul lui cu cea mai mare evlavie şi chibzuinţă, fiindcă Dătătorul darului a vestit despre Sine că este Dumnezeu, care a primit firea omenească pentru a-i mântui pe oameni, iar despre darul Său că mărturiseşte pentru El. Darul are o valoare de netăgăduit, însă, dat fiind că primirea mântuirii a fost lăsată la libera alegere a voii oamenilor, li s-a dat acestora libertatea de a cerceta minunile lui Hristos, de a judeca autenticitatea şi calitatea lor, de a trage din ele concluzii despre Săvârşitorul lor, aşa încât recunoaşterea şi primirea Răscumpărătorului să fie urmare a unei convingeri libere, pozitive, nu a unei atracţii pripite, uşuratice, oarecum silite.

Minunile lui Hristos au o noimă foarte precisă. S-ar putea spune cu privire la toate ceea ce a spus Domnul Sfântului Apostol Toma: "Adu degetul tău încoace şi vezi mâinile Mele şi adu mâna ta şi o pune în coasta Mea şi nu fi necredincios, ci credincios" (Ioan 20, 27).

Minunile lui Hristos au fost palpabile. Ele au fost şi pentru cei mai simpli oameni. Nimic în ele nu era enigmatic. Oricine putea să le cerceteze lesne, nu era loc pentru îndoiala şi nedumerirea: "Așa a fost într-adevăr sau doar pare o minune?"

Morţii înviau, bolile cu neputinţă de vindecat prin mijloace omeneşti se tămăduiau, leproşii se curăţeau, cei orbi din naştere dobândeau vedere, muţii începeau să vorbească, hrana se înmulţea într-o clipită pentru cei ce aveau trebuinţă de ea, valurile mării şi vânturile se linişteau în faţa unui cuvânt de poruncă şi erau izbăviţi de moarte cei pe care furtuna îi ameninţa cu moartea, mrejele pescarilor ce se osteniseră în zadar vreme îndelungată cu prinsul peştilor se umpleau dintr-o dată de peşti care ascultau de glasul cel întru tăcere al Domnului lor.

Minunile Dumnezeu-Omului aveau o mulţime de martori, dintre care cea mai mare parte fie Îi erau vrăjmaşi, fie nu Îl băgau în seamă, fie căutau de la El doar ajutor trupesc. Minunile erau de netăgăduit. Nici cei mai înrăiţi vrăjmaşi ai Domnului nu le tăgăduiau, ci doar se străduiau să le nimicească prin răstălmăcirile lor cele hulitoare şi prin toate celelalte mijloace insuflate de viclenia şi răutatea lor (Matei 12, 24; Ioan 9, 24).

În minunile Domnului nu era nici un pic de deşertăciune, nici un pic de teatralitate. Nici o minune nu a fost făcută de ochii lumii. Toate minunile erau acoperite cu acoperământul smereniei dumnezeieşti. Ele alcătuiesc un șir de binefaceri fată de omenirea suferindă. Totodată, ele au vădit în chip cu totul îndestulător stăpânirea Făcătorului asupra făpturii materiale şi asupra duhurilor zidite. Au arătat şi dovedit vrednicia lui Dumnezeu, Care a luat asupra Sa onestitatea, Care S-a arătat om între oameni.

Una dintre minunile Domnului, având un înţeles de taină, nu a fost însoţită de nici o binefacere fată de vreun om, fiind semn al binefacerii care urma să se reverse asupra întregii omeniri. Este vorba de omorârea smochinului neroditor, bogat numai în frunze (Marcu 11, 13, 14, 20). Acest pom este amintit de Scriptură (Fac. 3, 7), în istorisirea despre căderea protopărinţilor, ca fiind unul din pomii Raiului. El a slujit cu frunzele sale la acoperirea goliciunii pe care protopărinţii nu şi-o băgaseră de seamă înainte de cădere. Poate că rodul smochinului din Rai era rodul oprit. Domnul n-a dobândit de la smochin rod: El a căutat acest rod la vreme nepotrivită, El a îngăduit trupului Său să dorească mâncare la vreme nepotrivită, fapt care arată că dorinţa protopărinţilor era greşită, dorinţă pe care, ca pe toate neputinţele omeneşti, Domnul a luat-o asupra Sa şi a nimicit-o prin Sine. Neaflând rod, Domnul a lepădat şi frunzele, a nimicit însăşi fiinţarea pomului: alt pom, pomul crucii, era pregătit deja ca unealtă a mântuirii oamenilor. Pomul care a fost unealtă a pierzării oamenilor este omorât prin porunca Domnului. Minunea cea de taină s-a săvârşit doar în faţa ucenicilor iubiţi ai învăţăturii celei de taină, a sfinţilor apostoli. Ea a fost săvârşită chiar înainte de purcederea Dumnezeu-Omului la nevoinţa pătimirilor răscumpărătoare pentru omenire, înaintea suirii pe cruce.

Minunile Domnului aveau o noimă de taină, un scop sfânt. Chiar dacă erau în sine mari binefaceri, din punctul de vedere al iconomiei dumnezeieşti, ele slujeau numai drept mărturie şi dovedire a unei binefaceri neasemuit mai mari. Domnul, luând făptura omenească, a adus oamenilor un dar veşnic, duhovnicesc, fără de preţ: în ce priveşte viața, Domnul era fără păcat, atotsfânt (Ioan 8, 46), cuvântul Lui era preaplin de putere (Marcu 1, 42). Oamenii însă căzuseră adânc în negura și întunericul cugetării trupești; inimile și mințile lor orbiseră. A fost nevoie de un pogorământ deosebit față de starea cea de boală a omenirii, a fost nevoie să se dea mărturie cât se poate de limpede pentru simțurile trupești, a fost nevoie a se împărtăși, prin mijlocirea simțurilor trupești, cunoștințele vitale minții și inimii, care muriseră de moartea care le este proprie, de moartea veșnică.

În ajutorul cuvântului dumnezeiesc au fost date minunile dumnezeiești. Pentru ca oamenii să priceapă și să primească darul duhovnicesc, văzut numai cu ochii sufletești, Domnul a adăugat la darul duhovnicesc veșnic un dar asemănător lui, dar vremelnic, trupesc: tămăduirea bolilor trupești ale oamenilor.

Păcatul este pricina tuturor bolilor în om, atât a celor sufletești cât și a celor trupești, este pricină a morții vremelnice și a celei veșnice. Domnul, arătând stăpânirea Sa asupra urmărilor păcatului în trupurile omenești, a arătat prin acest lucru stăpânirea Sa asupra duhurilor îndeobște.

Cugetarea trupească nu vede nici bolile sufletești, nici moartea veșnică, dar bolile trupești și moartea trupului le vede, le recunoaște. Acestea lucrează cu putere asupra ei, o umplu de grijă.

Domnul, vindecând numai cu cuvântul, numai cu porunca Sa, pe toţi bolnavii, înviind morţii, poruncind duhurilor necurate, a arătat stăpânirea Sa, a arătat stăpânirea lui Dumnezeu asupra oamenilor, asupra păcatului, asupra duhurilor căzute, a arătat toate acestea în chip vădit simţurilor trupeşti, în chip vădit însăşi cugetării trupeşti. Aceasta, văzând şi pipăind stăpânirea aceasta, putea şi trebuia, potrivit logicii, să recunoască stăpânirea Domnului asupra păcatului nu numai în ce priveşte raportul păcatului cu trupul, ci şi în ce priveşte raportul păcatului cu sufletul, să recunoască stăpânirea Domnului asupra sufletului, cu atât mai mult cu cât în unele minuni ale Domnului, ca de pildă în învierea morţilor, se arăta nemărginita Lui stăpânire dumnezeiască atât asupra trupului cât şi asupra sufletului. Trupul căpăta viaţă, era chemat în el sufletul deja plecat din această lume în lumea duhurilor şi acesta se unea cu trupul pe care îl părăsise pentru totdeauna.

Omului i-au fost date minuni în el însuşi, nu altundeva aiurea. I s-au dat dovezi ale mântuirii în el însuşi, nu departe de el. Mărturia veşnicei mântuiri a sufletului şi trupului a fost dată prin mântuirea cea vremelnică a trupului de bolile trupeşti şi de moartea trupească.

* * *

Sfântul Evanghelist Marcu, sfârşindu-şi Evanghelia, spune că, după înălţarea Domnului, apostolii propovăduiau pretutindeni cuvântul, Domnul împreună lucrând şi adeverind cuvântul prin semnele ce urmau cuvântului (Marcu 16, 20). Acelaşi gând l-au vădit toţi apostolii în rugăciunea prin care au alergat la Dumnezeu după ameninţarea Sinedriului, care îi oprise a învăţa şi a lucra în numele lui Iisus: "Dă robilor Tăi", au spus ei, "a grăi cu toată îndrăzneala cuvântul Tău când vei întinde mâna Ta spre tămăduiri şi semne şi minuni să se facă prin numele Sfântului Tău Fiu Iisus" (Fapte 4, 29-30).

Semnele de la Dumnezeu au fost date spre a împreună-lucra cu cuvântul lui Dumnezeu. Semnele mărturiseau despre puterea şi însemnătatea cuvântului (Luca 4, 36). Lucrătorul esenţial era cuvântul. Nu e nevoie de semne acolo unde e primit cuvântul, fiindcă acolo este înţeleasă valoarea cuvântului. Semnele sunt un pogorământ faţă de neputinţa omenească.

Într-un fel lucrează cuvântul și în alt fel semnele. Cuvântul lucrează nemijlocit asupra minţii şi a inimii, iar semnele lucrează asupra minţii şi a inimii prin mijlocirea simţurilor trupeşti. Urmările lucrării cuvântului sunt mai puternice, mai limpezi decât urmările lucrării semnelor. Când cuvântul şi semnele lucrează împreună, lucrarea semnelor rămâne oarecum nebăgată în seamă din pricina îmbelşugatei lucrări a cuvântului. Acest lucru se vede limpede din istorisirile Evangheliei.

Asupra lui Nicodim au lucrat semnele şi el a recunoscut în Domnul doar un învăţător trimis de la Dumnezeu (Ioan 3, 2).

Asupra Apostolului Petru a lucrat cuvântul şi el L-a mărturisit pe Domnul Hristos drept Fiu al lui Dumnezeu. "Cuvinte ale vieţii veşnice ai", i-a grăit el Dumnezeu-Omului, "şi noi am crezut şi am cunoscut că Tu eşti Hristosul, Fiul lui Dumnezeu Celui Viu" (Ioan 6, 68-69). Sfântul Petru fusese însuşi văzător al multor minuni ale Domnului. Înmulţirea celor cinci pâini şi săturarea cu ele a unei numeroase adunări numai ce se săvârşiseră, dar în mărturisirea sa Apostolul trece sub tăcere minunile, vorbeşte doar despre puterea şi lucrarea cuvântului.

Acelaşi lucru s-a întâmplat şi cu cei doi ucenici care vorbeau cu Domnul, fără a-L recunoaşte, pe drumul spre Emaus şi L-au recunoscut după ce au ajuns în acel sat, când erau de acum în casă, la frângerea pâinii. Îndată ce L-au recunoscut, Domnul S-a făcut nevăzut. Ei nu au spus nimic cu privire la minunea cea uimitoare, ci şi-au întors toată luareaaminte asupra lucrării cuvântului. "Nu era inima noastră arzând întru noi", spuneau ei unul către altul, "când Domnul grăia nouă pe cale şi când ne tâlcuia Scripturile?" (Luca 24, 32).

Dumnezeu-Omul i-a fericit pe cei ce nu au văzut semne şi au crezut (Ioan 20, 29). El şi-a arătat compătimirea faţă de cei care, nemulţumindu-se cu cuvântul, aveau nevoie de minuni. "De nu veţi vedea semne şi minuni, nu vezi crede" (Ioan 4, 48), i-a spus el fruntaşului din Capernaum. Întocmai! Vrednici de compătimire sunt cei ce părăsesc cuvântul, căutând încredinţare de la minuni. Această căutare a lor dă în vileag o deosebită precumpănire a cugetării trupeşti, o neştiinţă grosolană, o vieţuire adusă jertfă stricăciunii şi păcatului, lipsa îndeletnicirii cu deprinderea legii lui Dumnezeu şi cu virtuţile cele iubite de Dumnezeu, lipsa din suflet a capacităţii de împreună-simţire cu Sfântul Duh, de simţire a prezenţei şi a lucrării Lui în cuvânt.

Semnele erau îndeobşte menite convingerii şi aducerii la credinţă a oamenilor robiţi simţurilor, prinşi de grijile lumii. Cei cufundaţi în grijile lumeşti, ţintuiţi pururea cu sufletul de pământ şi de lucrurile acestuia, au o capacitate mică de a preţui valoarea cuvântului: Cuvântul Cel Milostiv îi atrăgea la mântuirea cea dăruită prin cuvânt prin mijlocirea semnelor văzute, care, alcătuind modul material de convingere, lucrător prin simţuri, aduceau sufletul neputincios la Cuvântul Atotputernic, Mântuitor.

Între cei care au crezut în Hristos, cei care au făcut-o din pricina semnelor alcătuiau pătura cea mai de jos. Atunci când li s-a prezentat învăţătura duhovnicească, preaînaltă, atotsfântă, mulţi dintre ei au răstălmăcit-o după ideile lor (Ioan 6, 60), n-au vrut să ceară lămurirea cuvântului dumnezeiesc de la Dumnezeu, au osândit cuvântul, care era Duh şi viaţă (Ioan 6, 63). Prin aceasta au dat în vileag superficialitatea credinţei lor, superficialitatea aşezării inimii lor şi mulţi dintre ucenicii Lui, care văzuseră multe semne, s-au întors înapoi, şi nu mai umblau cu Dânsul (Ioan 6, 66).

Nici cuvântul, nici semnele Dumnezeu-Omului nu au reuşit să lucreze binefăcător asupra arhiereilor, cărturarilor, fariseilor şi saducheilor iudei, chiar dacă în afara celor din urmă toţi cunoşteau cu de-amănuntul după literă Legea lui Dumnezeu, ei nu doar că erau străini de Dumnezeu, vrăjmaşii lui Dumnezeu din pricina bolii păcatului celui de obşte al întregii omeniri, ci s-au făcut astfel, s-au întărit şi s-au pecetluit întru această aşezare sufletească din pricina alegerii propriei voinţe, din pricina părerii de sine, din pricina dorinţei de a duce viaţa şi de a spori în viaţa interzisă de Evanghelie. Ei n-au putut să îl asculte pe Fiul lui Dumnezeu care le vorbea. Ei nu au ascultat precum se cuvenea cuvântul Lui, doar vânau cuvintele care li se păreau potrivite pentru a fi răstălmăcite şi pentru a-L învinui în temeiul lor pe Domnul.

Aşa se poartă de obicei ura faţă de cuvintele celui urât. De ce nu înţelegeţi vorbirea mea? le spunea Mântuitorul vrăjmaşilor Săi, care lepădau cu încăpăţânare şi înverşunare mântuirea cu care erau îmbiaţi. De ce nu înţelegeţi învăţătura Mea? De ce nu primiţi cuvintele Mele vindecătoare? Fiindcă nu puteţi să daţi ascultare cuvântului Meu: el este de nesuferit pentru voi (Ioan 8, 43). Întrucât sunteţi fii ai minciunii şi lucraţi după îndreptarea pe care v-o dă minciuna, pe Mine nu Mă credeţi, fiindcă spun adevărul (Ioan 8, 45). Cel care este de la Dumnezeu ascultă cuvintele lui Dumnezeu; de aceea voi nu mă ascultaţi, pentru că nu sunteţi de la Dumnezeu (Ioan 8, 47). Dacă nu fac lucrările Tatălui Meu, să nu credeţi în Mine: iar dacă le fac, chiar dacă nu credeţi în Mine, credeţi în aceste lucrări, ca să ştiţi şi să cunoaşteţi că Tatăl este în Mine şi Eu în El.

Zadarnice au fost cuvintele care, ca adevăr dumnezeiesc, erau suficientă adeverire (Ioan 8, 14), zadarnice au fost minunile care erau suficientă adeverire, care erau atât de palpabile şi de evidente, încât vrăjmaşii Dumnezeu-Omului, cu toată dorinţa şi silinţa lor de a le lepăda, nu puteau să nu le recunoască (Ioan 9, 24).

Ceea ce lucra asupra oamenilor ce nu ştiau Legea lui Dumnezeu ori o ştiau foarte puţin şi îşi petreceau viaţa în îndeletniciri şi deşertăciuni pământeşti, însă nu lepădau intenţionat Legea lui Dumnezeu, nu a lucrat defel asupra celor care ştiau cu de-amănuntul, după literă, Legea lui Dumnezeu, lepădând-o prin viaţa şi alegerea voii lor (Ioan 5, 46-47; 7, 19). Tot ce se putea face pentru mântuirea oamenilor, negrăita milostivire a lui Dumnezeu a făcut. "De nu aş fi venit şi nu le-aş fi vorbit, păcat nu ar avea; dar acum n-au dezvinovăţire pentru păcatul lor... De nu aş fi făcut între ei lucruri pe care nimeni altul nu le-a făcut, păcat nu ar avea; dar acum M-au şi văzut şi M-au urât pe Mine şi pe Tatăl Meu" (Ioan 15, 22-25).

Creştinismul a fost predicat cu atâta limpezime încât nu este dezvinovăţire pentru cei ce nu îl cunosc. Pricina neştiinţei este doar libera alegere făcută de voinţă. Precum luminează soarele de pe cer, aşa luminează şi creştinismul. Cel ce îşi închide ochii de bunăvoie să pună nevederea şi neştiinţa sa pe seama voii sale, nu pe seama lipsei luminii. Pricina lepădării de către oameni a Dumnezeu-Omului stă în oameni.

Minunile lui Dumnezeu înomenit alcătuiau cele mai mari binefaceri materiale pe care şi le poate închipui omenirea. Ce binefacere mai mare poate fi decât a îi înapoia celui mort viaţa? Ce binefacere mai de preţ poate fi decât vindecarea unei boli de nevindecat, care răpea viaţă după viaţă, care făcea viaţa asemenea mai degrabă cu o moarte prelungită decât cu o viaţă?

Şi totuşi, în pofida caracterului binefăcător, sfinţeniei, însemnătăţii duhovniceşti pe care le aveau minunile lui Hristos, aceste minuni au fost doar nişte daruri vremelnice, în sensul exact al cuvântului, ele erau semne – semne ale mântuirii veşnice dăruite prin cuvânt.

Cei înviaţi de Dumnezeu-Omul au murit iarăşi, la vremea lor: li s-a dăruit numai prelungirea vieţii pământeşti, nu li s-a înapoiat această viaţă pentru totdeauna.

Cei vindecaţi de Dumnezeu-Omul s-au îmbolnăvit din nou şi de asemenea au murit: sănătatea le-a fost înapoiată numai pentru o vreme, nu pentru totdeauna.

Au fost revărsate faceri de bine vremelnice și materiale ca semn al facerilor de bine veşnice și duhovniceşti. Darurile văzute au fost împărțite oamenilor robiţi simţurilor, ca aceştia să creadă în fiinţarea darurilor nevăzute şi să le primească pe acestea. Semnele îi scoteau pe oameni din prăpastia neştiinţei şi împătimirii simţurilor, îi aduceau la credinţă: credinţa le împărtăşea cunoaşterea bunătăţilor celor veşnice şi le insufla dorinţa de a le dobândi.

Cu ajutorul semnelor minunate, apostolii au răspândit grabnic creştinismul în lume: semnele erau dovadă limpede şi puternică pentru creştinism, atât pentru popoarele cultivate cât şi pentru popoarele cufundate în neştiinţă şi barbarie, iar atunci când credinţa a fost sădită pretutindeni, a fost sădit cuvântul: atunci au fost înlăturate semnele, fiindcă îşi terminaseră slujirea. Ele au încetat să lucreze la scară largă şi pretutindeni: le săvârşeau, arareori, numai aleşii lui Dumnezeu.

Sfântul Ioan Gură de Aur, părinte şi scriitor din veacurile 4-5, spune că în vremea lui deja încetase a mai lucra harisma semnelor, chiar dacă se mai aflau pe alocuri, mai cu seamă între monahi, bărbaţi care săvârşeau semne (Tâlcuirea la II Cor. 3, 18). Odată cu trecerea timpului, bărbaţii săvârşitori de semne s-au împuţinat tot mereu. Despre vremurile din urmă, Sfinţii Părinţi au prezis că atunci nu vor mai fi deloc bărbaţi săvârşitori de semne.

Dacă semnele ar fi neapărat trebuincioase, ele

ar fi rămas. A rămas cuvântul, la a cărui înstăpânire lucrau minunile. El s-a răspândit, a împărățit, a cuprins lumea întreagă. El a fost tâlcuit în chip cu totul îndestulător de către Părinții Bisericii: a devenit foarte ușoară ajungerea la el și însușirea lui. El este de o necesitate esențială. El e neapărat trebuincios. El săvârșește mântuirea oamenilor. El dă bunătățile cele veșnice. El dă împărăția Cerurilor. În el sunt ascunse cele mai înalte semne ale lui Dumnezeu (Ps. 118, 18). Cuvântul Domnului rămâne în veac. Și acesta este cuvântul care vi s-a binevestit (I Ptr. 1, 25). În cuvânt este viața, și El este viața (Ioan I, 4). El naște pe oamenii cei morți întru viața veșnică, dându-le din sine viața lui atotsfântă: ascultătorii și lucrătorii cuvântului devin născuți nu din sămânță stricăcioasă, ci din cea nestricăcioasă, prin cuvântul Dumnezeului Celui Viu care rămâne în veac (I Ptr. 1, 23).

Pentru a cunoaște însemnătatea cuvântului, este nevoie să îl împlinim. Poruncile evanghelice, atunci când sunt împlinite, încep fără întârziere să transfigureze, să preschimbe omul, să-i dea viață, să preschimbe felul lui de a gândi, simțămintele inimii lui și însuși trupul: Căci cuvântul lui Dumnezeu e viu și lucrător și mai ascuțit decât orice sabie cu două tăișuri și pătrunde până la despărțitura sufletului și duhului, dintre încheieturi și măduvă, şi destoinic este să judece simţirile şi cugetările inimii (Evr. 4, 12).

Cuvântul lui Dumnezeu cuprinde în sine însuşi mărturia privitoare la sine. El, asemenea semnelor purtătoare de vindecări, lucrează chiar în om, şi prin această lucrare dă mărturie despre sine. El este cel mai înalt semn. El este semn duhovnicesc, care, fiind dăruit omului, îndestulează toate trebuinţele mântuirii lui, face de prisos ajutorul semnelor materiale. Creştinul ce nu ştie de această însuşire a cuvântului îşi dă în vileag prin aceasta răceala faţă de cuvânt, necunoaşterea cuvântului lui Dumnezeu sau cunoaşterea lui moartă, după literă.

Odinioară, credeam că Domnul face minuni numai la rugăciunile Sfinților, dar acum am cunoscut că Domnul face minuni și pentru cel păcătos, de îndată ce sufletul lui se smerește, fiindcă atunci când omul învață smerenia, Domnul ascultă rugăciunile lui.

Să nu ascundem minunile lui Dumnezeu, ci să vestim despre ele tuturor! Toată lumea este plină de minunile lui Dumnezeu.

"Minunate sunt lucrurile Tale, Doamne! Toate cu înţelepciune le-ai făcut" (Ps. 103,24).

Cuprins

Cărți apărute la Editura Ortodoxia

1. Părintele Arsenie Boca mi-a schimbat viața. Mărturii. Minuni.

2. Părintele Arsenie Boca - Grabnic Ajutător. Mărturii. Minuni.

3. Părintele Arsenie Boca ne cheamă la el. Mărturii de la Prislop

4. Părintele Arsenie Boca - Mângâietorul celor necăjiți. Noi mărturii minunate

5. Sfântul Serafim de Sarov - Vindecări minunate din zilele noastre

6. Maica Domnului Apărătoarea noastră - Noi minuni contemporane

7. Sfânta Matrona din Moscova - Veniți să-mi povestiți necazurile voastre

8. Sfântul Nectarie Tămăduitorul din Eghina. Mărturii. Minuni.

9. Andreea Nemeș - Eu am văzut îngeri!

10. Valeriu Gafencu - Îndreptar la Spovedanie

11. Noi mărturii despre Părintele Justin

12. Părintele Justin Duhovnicul inimilor - Mărturii și minuni

13. Vlad Herman - Pelerinajele, poartă spre cer. Prislop. Petru Vodă. Aiud și altele...

14. Cuviosul Nikolai Guryanov. Un Sfânt al zilelor noastre. Viața. Mărturii. Minuni.

15. Părintele Antim Găină - Pustnicul fără pustie

17. Părintele Paisie Olaru - În Cer cu îngerii și pe pământ cu oamenii

18. Natalia Lozan - Pentru dragoste și înțelegere în familie

19. Sfântul Ioan Rusul Grabnic Ajutător și Mare Vindecător

20. Cuviosul Iosif de la Văratic - Smerenie întro imensă răbdare

21. Părintele Dosoftei Murariu - Slujitorul cel tainic al inimiii

22. Părintele Isaia Țugurlan - Un cuvios de pe fila de Pateric

23. Sfânta Xenia din Sankt-Petersburg - Ocrotitoarea familiei

24. Sfântul Pantelimon Mare Doctor fără de Arginți

25. Ursul, vulpea și bursucul - Fabule și poezii creștin ortodoxe

26. Viața Părintelui Arsenie Boca povestită copiilor

27. Viața Părintelui Cleopa Ilie povestită copiilor

28. Sfinții Petru și Fevronia din Murom - Apărătorii familiei, dragostei și fidelității

29. Apostoli la capătul lumii - Sfinții din Alaska

30. Viața și minunile Sfinților Țari Mucenici Romanov

31. Sfântul Serghie de Radonej - Îngerul păzitor al celor necăjiți

32. Sfântul Ioan Maximovici - "Deși am murit, sunt viu"

33. Sfântul Trifon - Aducătorul de belșug

34. Natalia Lozan - Fericirea de a iubi

35. Sfinții 9 Mucenici din Cizic - Grabnic ajutători în găsirea unui loc de muncă

36. Sfânta Eufrosina - Apărătoarea artelor și a monahiilor

37. Cereți și vi se va da - Povestiri adevărate

38. Bateți și vi se va deschide - Povestiri adevărate

COMENZI ONLINE:
www.librariaortodoxia.ro

DIFUZARE:
S.C. Supergraph S.R.L.
Str. Ion Minulescu Nr. 36, Sector 3, București
Tel: 021 - 320.61.19; Fax: 021 - 319.10.84
E-mail: contact@supergraph.ro